Karl Vocelka

99 Fragen zur
österreichischen Geschichte

Karl Vocelka

99 FRAGEN
ZUR ÖSTERREICHISCHEN GESCHICHTE

ueberreuter

Das für dieses Buch verwendete FSC®-zertifizierte Papier EOS
lieferte Salzer Papier, St. Pölten.

ISBN 978-3-8000-7573-7
Alle Rechte vorbehalten. Das Werk darf – auch teilweise –
nur mit Genehmigung des Verlages wiedergegeben werden.
Covergestaltung: BoutiqueBrutal.com
Umschlagabbildung: Franz Joseph I., Kaiser von Österreich
© Franz Xaver Winterhalter / akg-images / picturedesk.com
Copyright © 2013 by Verlag Carl Ueberreuter, Wien
Druck und Bindung: Druckerei Theiss, St. Stefan im Lavanttal
5 4 3 2 1   17 16 15 14 13

Ueberreuter im Internet: www.ueberreuter.at

Inhaltsverzeichnis

ALLGEMEINES
1. Was heißt Österreich? — 9
2. Gibt es eine österreichische Identität? — 10
3. In welchem Verhältnis steht die österreichische Geschichte zu jener des Heiligen Römischen Reiches und der Habsburgermonarchie? — 12
4. Welche Landesheiligen hatte Österreich? — 14
5. Woher kommt der rot-weiß-rote Bindenschild? — 15
6. Welche Staatssymbole standen in der Zeit nach 1918 für das Land? — 17
7. Welche Hymnen wurden an welchen Staatsfeiertagen gesungen? — 18

EREIGNISSE
8. Gibt es eine österreichische Urgeschichte? — 21
9. Wer waren die Venus von Willendorf und Ötzi? — 22
10. Ist die Hallstattkultur ein österreichisches Spezifikum? — 24
11. Welche Rolle spielten Kelten und Römer in der Geschichte Österreichs? — 25
12. Wie verliefen die Völkerwanderung und die bayrisch-alemannische Besiedelung des Landes? — 27
13. Welche Auswirkungen hatte der Sieg gegen die Ungarn 955 auf dem Lechfeld für Österreich? — 28
14. Was geschah unter der Herrschaft der Babenberger? — 29
15. Was ist die *Ostarrîchi*-Urkunde? — 32
16. Wie kam es zum *Privilegium minus*? — 33
17. Was versteht man unter Landesausbau? — 35
18. Wurde Österreich von einem böhmischen Herrscher regiert? — 37
19. Woher kamen die Habsburger? — 38
20. Wie vergrößerten die Habsburger im späten Mittelalter »Österreich«? — 39
21. Was ist das *Privilegium maius*? — 41
22. Gab es außer Wien noch andere Residenzstädte in Österreich? — 42
23. Haben die Habsburger ihre Länder wirklich erheiratet? — 44
24. War Maximilian I. der Erfinder der politischen Propaganda? — 46
25. Welche Bedeutung hat die Schlacht von Mohács für die österreichische Geschichte? — 47
26. Warum belagerten die Osmanen zweimal Wien? — 48
27. Welche Ursachen hatten die Kriege mit Frankreich? — 49
28. Auf Grund welcher Rechtsbasis kämpften die Habsburger um das spanische Erbe? — 50
29. Was bestimmte die Pragmatische Sanktion und welche Folgen hatte sie? — 52
30. Sind die Habsburger ausgestorben? — 53
31. Gab es einen Absolutismus in Österreich? — 54
32. Was bedeutet der »Raub Schlesiens« für die Habsburgermonarchie? — 56

33. Seit wann gibt es in Österreich die Schulpflicht? — 57
34. Was versteht man unter Josephinismus? — 58
35. Was ist die Jakobinerverschwörung? — 60
36. Was machte Napoleon in Wien? — 61
37. Tanzte der Wiener Kongress wirklich nur? — 62
38. Wie verlief die Revolution des Jahres 1848? — 64
39. Wieso wurden Kaiser Franz Joseph, Sisi und Kronprinz Rudolf zu Kultfiguren? — 65
40. Was ist unter Bauernbefreiung zu verstehen? — 66
41. War der Bau der Ringstraße ein Aufbruch in die Moderne? — 68
42. Was geschah im Ausgleich 1867? — 69
43. Warum konnte das Nationalitätenproblem nicht gelöst werden? — 70
44. Was passierte beim Börsenkrach? — 72
45. Welche Rolle spielte der Antisemitismus in Österreich? — 73
46. Wie entstand das österreichische Parteiensystem? — 75
47. Warum ging die Habsburgermonarchie 1918 unter? — 76
48. Wie entstand die Erste Republik? — 77
49. Was war die Seipel-Sanierung? — 79
50. Was versteht man unter dem »Roten Wien«? — 80
51. Wieso kam es 1927 zum Brand des Justizpalastes? — 82
52. Wie kam es zur Ausschaltung der Demokratie in Österreich 1933? — 83
53. Was versteht man unter Austrofaschismus? — 85
54. Welche Folgen hatten der Anschluss und der Zweite Weltkrieg für Österreich? — 86
55. Was waren die Folgen der Shoah für Österreich? — 88
56. Wie erfolgte die Neugründung der Republik 1945? — 89
57. Wer waren die »Vier im Jeep«? — 91
58. Wie ging die Zweite Republik mit dem Erbe der Vergangenheit um? — 92
59. Was bedeutete der Staatsvertrag? — 94
60. Wie funktionierte die Sozialpartnerschaft? — 95
61. Wie veränderte sich die Gesellschaft nach 1945? — 96
62. Welche Reformen prägten die Ära Kreisky? — 98
63. Welche Bedeutung hatten die Volksabstimmung über das Kernkraftwerk Zwentendorf und die Besetzung der Hainburger Au für Österreich? — 99
64. Welche Wendepunkte gibt es in der Geschichte der Zweiten Republik? — 101
65. Wie ist die Situation Österreichs als Mitglied der EU heute? — 102
66. Welche Bedeutung hatten Natur, Kultur und Sport für das Konstrukt der österreichischen Identität? — 104
67. Welche Filme prägten das Bild Österreichs im In- und Ausland? — 106
68. Welchen Wandel vollzogen die Medien? — 107

WIRTSCHAFT
69. Wie entwickelten sich die Bevölkerungszahlen in Österreich? 110
70. Welche Rolle spielte der Bergbau in der Geschichte Österreichs? 112
71. Welche Folgen hatte die Industrialisierung für Österreich? 113
72. Welche großen Erfindungen gab es in Österreich? 115
73. Was waren und sind die wichtigsten Handelsgüter in Österreich? 116
74. Welche Währungen gab es in Österreich? 118

SOZIALES
75. Was versteht man unter Feudalgesellschaft? 120
76. Was sind »Stände«? 121
77. Wie gliederte sich die städtische Gesellschaft? 122
78. Wie veränderte sich die Gesellschaft in der Moderne? 124
79. Welche Bedeutung haben Frauen in der Geschichte Österreichs? 125
80. Wie erfolgte die Emanzipation der Frauen? 127

RELIGIONEN
81. Wie ging die Christianisierung Österreichs vor sich? 129
82. War Österreich in seiner Geschichte jemals protestantisch? 130
83. Was versteht man unter Gegenreformation? 132
84. Worin lag das Besondere am Barockkatholizismus in Österreich? 133
85. Welche Rolle spielten die Juden in der Gesellschaft? 135
86. Seit wann gibt es eine starke islamische Konfessionsgruppe in Österreich? 136

KULTUR
87. Welche Universitäten spielten eine wichtige Rolle in Österreich? 138
88. Welche sind die Meisterwerke der mittelalterlichen Kunst in Österreich? 140
89. Welche sind die Meisterwerke der Renaissance in Österreich? 141
90. Welche sind die bedeutendsten barocken Kunstwerke in Österreich? 143
91. Welche Bedeutung hatte der Habsburgerhof für die Kultur? 144
92. Wieso gewann die Wiener Klassik Weltruhm in der Musik? 146
93. Was charakterisierte die Kultur des Biedermeier? 147
94. Was ist der Ringstraßenstil? 148
95. Welche sind die größten Leistungen der bildenden Kunst im *Fin de Siècle*? 150
96. Welche musikalischen Entwicklungen charakterisieren das späte 19. und das 20. Jahrhundert? 151
97. Welche Künstler der modernen Kunst hatten oder haben überregionale Bedeutung? 152
98. Wer sind die großen Gestalten der österreichischen Literatur? 154
99. Was ist »Austropop«? 155

ALLGEMEINES

1. Was heißt Österreich?
Österreich ist ein Begriff, der zu verschiedenen Zeiten der Geschichte verschiedene Gebiete meinte und auch heute nicht in Österreich liegende Territorien mit einschloss.

Das heutige Österreich ist ein sowohl staatsrechtlich als auch geografisch klar umrissener Begriff, in der Vergangenheit aber hat sich das Wort »Österreich« auf unterschiedliche Räume bezogen. Von Österreich als einem »Staat« kann man – mit vielen Einschränkungen – erst ab der Herrschaft der Babenberger (976) sprechen. Man könnte etwas provokant sagen, für die mittelalterliche Geschichte des Landes ist der Begriff »Österreich« zu weit und für die neuzeitliche Geschichte bis 1918 zu eng gefasst.

Im Mittelalter, in dem das Wort »Österreich« in deutscher und lateinischer Form (Austria) erstmals auftauchte (vgl. Frage 15), bezeichnete es nur einen kleinen Teil des heutigen Staatsgebietes der Republik Österreich. Zunächst überhaupt nur ein winziges Stück des Donautales bei Melk, später dann in etwa die heutigen Bundesländer Ober- und Niederösterreich – oder in alter Form Österreich ob und unter der Enns –, die auch explizit diesen Namensbestandteil enthielten. Zu diesem Gebiet gehörte auch Wien, die alte Hauptstadt des gesamten Staates und auch des Bundeslandes Niederösterreich, die erst 1920 ein eigenes Bundesland wurde.

Die anderen Gebiete des heutigen österreichischen Staates kamen erst im Laufe des späten Mittelalters – und manche wie Salzburg, Teile Vorarlbergs und das Burgenland noch sehr viel später – zu »Österreich«. Die Steiermark, Kärnten und Tirol hatten im Laufe des Mittelalters eine eigene Landesgeschichte, und es war keineswegs immer klar, dass sie einmal ein Bestandteil des babenbergischen und später habsburgischen Österreich sein würden. Für das Mittelalter müsste man also historisch korrekt von den Geschichten Österreichs in der Mehrzahl sprechen.

Mit den Vergrößerungen des Herrschaftsbereiches der Familie Habsburg wurde dieser Name auch auf Spanien und natürlich – etwas wenig genau – auf die gesamte Habsburgermonarchie, die seit 1526 entstand, übertragen. Die Bewohner Ungarns oder Böhmens fühlten sich aber sicherlich nicht als Österreicher. Die Geschichte der Habsburgermonarchie ist also keineswegs identisch mit der Geschichte Österreichs, wenn auch beide eng miteinander verflochten sind. 1867 wurde die Verflechtung ein wenig verändert, mit dem Ausgleich mit Ungarn (vgl. Frage 42) entstand Österreich-Ungarn. Doch auch der »Österreich« genannte Teil, zu dem z.B. Böhmen, Galizien oder die Bukowina gehörten, identifizierte sich keineswegs mit diesem Namen und den dahinterstehenden Vorstellungen.

Erst mit der Auflösung der Habsburgermonarchie 1918 wurde ein Staat geschaffen, der mit dem heutigen Österreich territorial identisch ist. Doch die deutschsprachige Mehrheit dieses Staates fühlte sich nicht als »Österreicher«, sondern als Deutsche, der Staat sollte – den Plänen der Politik im Jahre 1918 zufolge – einen Teil der Deutschen Republik bilden. Dieser Staat hat – mit Unterbrechung der Jahre von 1938 bis 1945, in denen er Teil des nationalsozialistischen Deutschland war – bis heute keine Gebietsveränderungen erfahren. Allerdings unterlag die Identifizierung mit diesem Staatsgebilde großen Veränderungen.

2. Gibt es eine österreichische Identität?

Die Identifikation der Bevölkerung mit Österreich als Nation und als Staat ist neueren Datums.

Die österreichischen Länder wie die Steiermark, Kärnten oder Tirol, die im Mittelalter durch die Herrschaft einer Familie (der Habsburger) mit den Kernländern Nieder- und Oberösterreich zusammengeschlossen wurden, hatten jeweils eine eigene Identität, die sich nicht nur mental, sondern auch politisch und rechtlich ausdrückte. Jedes der Länder besaß eigene Landstände und ein eigenes Landrecht, alle Versuche einer Zentralisierung und Vereinheitlichung scheiterten.

Vieles von diesem Landesbewusstsein, der Identität des Landes, ist auch heute noch in den Anschauungen der Menschen zu finden. Menschen haben unterschiedliche Identitäten: mit dem Ort, in dem sie leben, mit der Region (z. B. Salzkammergut oder Weinviertel), mit dem Bundesland oder mit dem Staat Österreich und neuerdings auch – wenngleich nicht sehr ausgebildet – mit der Europäischen Union. Man ist also ebenso Tiroler wie Österreicher und Europäer.

Das Landesbewusstsein war nur eine der möglichen Identitäten der Vergangenheit. Ebenso wichtig waren geburtsständische Zugehörigkeiten – man war Adeliger oder Bürger oder Bauer – und seit dem 16. Jahrhundert auch konfessionelle Identifikationsmuster. Protestant oder Katholik zu sein, war meist wichtiger, als aus irgendeinem Gebiet zu kommen; man nannte die Menschen gleicher Konfession in den Quellen der Zeit oft »Konfessionsverwandte«, was die zentrale Bedeutung der religiösen Orientierung betonte. Nationale Identität im modernen Sinne fehlte, das Landesbewusstsein, die Identifikation mit der – im Falle der Habsburger übernationalen – Dynastie und ein Protonationalismus, der auf gleicher Sprache und gleichen Umgangsformen beruhte, waren die verbindenden Elemente.

Erst mit dem Aufkommen sprachnationaler Identifikationsmuster – ich spreche Deutsch, daher bin ich Deutscher, ich spreche Ungarisch, daher bin ich Ungar usw. – veränderte sich vieles. Gerade für einen multinationalen Staat wie die Habsburgermonarchie kam es zu einer gefährlichen Entwicklung. Denn der Nationalismus stärkte zwar einerseits das Gefühl der Zusammengehörigkeit innerhalb der Nation, führte aber andererseits auch zu einer hasserfüllten Atmosphäre zwischen den Nationen.

Für die Angehörigen der deutschsprachigen Mehrheit im Gebiet des heutigen Österreich war das Problem besonders schwerwiegend. Sie fühlten sich als Deutsche und viele von ihnen wollten Teil des Deutschen Kaiserreiches sein. Und auch als die Monarchie auseinanderbrach, wollte das heutige Österreich eine Vereinigung mit Deutschland. Die Verweigerung des (freiwilligen) »Anschlusses« an die Deutsche Republik im Jahre 1918 durch die Siegermächte des Ersten Weltkriegs wurde als Demütigung empfunden, der kleine Staat als nicht lebensfähig angesehen. Eine Identifizierung mit

Österreich entstand beim Großteil des Volkes nicht. Nach 1934, im Austrofaschismus, wurde »Österreich« stärker betont, aber immer noch fühlten sich die Bewohner des Landes als Deutsche, wenn auch in Abgrenzung zum Dritten Reich als die »besseren Deutschen«. Erst der reale Anschluss 1938 und die Herrschaft des Nationalsozialismus führten längerfristig zu einer größeren Akzeptanz der österreichischen Eigenständigkeit.

Nach 1945 wurde bewusst die Identifikation mit einer »österreichischen Nation« aufgebaut. Die beiden großen Parteien SPÖ und ÖVP bekannten sich zu dieser Identität, die propagandistisch gefördert und konstruiert wurde. Die große Vergangenheit, die Betonung der Landschaft und der Geschichte, das oft klischeehaft-kitschige Bild der Heimatfilme und sportliche Erfolge im Schifahren und beim Fußball stärkten diese Identifikation, durch die sich heute ein großer Teil der Staatsbürger der Republik als Angehörige der österreichischen Nation fühlt.

3. In welchem Verhältnis steht die österreichische Geschichte zu jener des Heiligen Römischen Reiches und der Habsburgermonarchie?

Die Geschichte des heutigen Österreich ist ohne die Geschichte des Heiligen Römischen Reiches und der Habsburgermonarchie nicht zu verstehen. Auch die internationale Stellung und Politik der Dynastie von ca. 1500 bis 1918 ergibt einen europäischen Kontext der Geschichte des kleinen Landes.

Seit dem Herrschaftsbeginn der Babenberger im Jahre 976 kann man erstmals von einer eigenen politischen Einheit »Österreich« sprechen. Österreich war zu dieser Zeit ein Teil des Reiches (zunächst Ostfrankenreich, dann Heiliges Römisches Reich), wenn auch mit besonderem Status. Mit der endgültigen Durchsetzung der Habsburger – sie stellten schon im späten 13. und zu Beginn des 14. Jahrhunderts Herrscher im Heiligen Römischen Reich, das eine Wahlmonarchie war – ab Mitte des 15. Jahrhunderts war die Beziehung zwischen Österreich und dem Reich auf das Engste verflochten.

Von 1438 bis zur Auflösung des Heiligen Römischen Reiches 1806 gab es mit einer kleinen Ausnahme nur Habsburger auf dem Thron dieses Staates. Lediglich nach dem Aussterben der Habsburger im Mannesstamm, also dem Tod Karls VI. (1685–1740), kam es mit Karl VII. (Karl Albrecht von Bayern), der von 1742 bis 1745 als Nichthabsburger Kaiser des Heiligen Römischen Reiches war, zu einem kurzen wittelsbachischen Zwischenspiel.

Eine besondere Entwicklung vollzog sich in der ersten Hälfte des 16. Jahrhunderts, als der Habsburger Karl V. (1500–1558), der zugleich König von Spanien war, das Reich beherrschte. Es war die einzige Zeit, in der ein habsburgischer Kaiser des Reiches nicht gleichzeitig auch Landesfürst der österreichischen Länder war.

Die habsburgischen Herrscher hatten also gewissermaßen zwei Identitäten: Sie waren Kaiser des Reiches und Herrscher der Habsburgermonarchie und hatten als solche unterschiedliche politische Interessen, die sich allerdings oft überschnitten. So war etwa der lange andauernde Konflikt mit Frankreich einerseits ein Kampf des Kaisers um die westliche Grenze des Reiches, andererseits eine Auseinandersetzung der französischen Dynastie mit den Habsburgern, die Territorien rund um Frankreich (Burgund, Spanien) erworben hatten und damit bedrohlich für Frankreich waren. Es ist schwer, zu trennen, welcher Teil der Politik – die kaiserliche oder die der Habsburgermonarchie – in solchen Kriegen überwog. Klar ist aber, dass diese europäische Dimension der habsburgischen Dynastie nicht von den Geschicken der österreichischen Erbländer getrennt werden kann. Diese bildeten den Mittelpunkt der habsburgischen Herrschaft. Der Hof der Dynastie befand sich zumindest seit Beginn des 17. Jahrhunderts dauerhaft in Wien und so kann »österreichische Geschichte« nicht ohne den größeren Kontext des Heiligen Römischen Reiches geschrieben werden.

Ähnliches gilt für das Verhältnis Österreichs zur Habsburgermonarchie. Die Erbländer bildeten einen zentralen Bereich des Gesamtstaates, doch wäre eine Geschichte Österreichs unverständlich, würde nicht die große Dimension der Gesamtmonarchie mit in den Blick genommen. Nur zwei Beispiele: Das so wichtige Phänomen der Gegenreformation ließe sich nicht allein durch eine ausschließliche Betrachtung der Lage in den österreichischen Ländern verstehen. Ohne die Entwicklung in Böhmen, die zum Prager Fenstersturz 1618 und schließlich zur Schlacht am Weißen Berg/Bílá Hora bei Prag 1620 führte, bleibt die schnelle und brutale Durchsetzung der Gegenreformation in Österreich unerklärlich. Nur die Niederlage der protestantischen Stände gegen den katholischen Kaiser am Weißen Berg bildete die Grundlage für diesen Vorgang, der Österreich und seine Kultur stark prägen sollte.

Auch die Auseinandersetzungen mit dem Osmanischen Reich, die ebenfalls die innere Entwicklung Österreichs stark beeinflussten, wären ohne die Analyse der Situation in Ungarn nicht verständlich.

4. Welche Landesheiligen hatte Österreich?

Jedes der österreichischen Bundesländer hat seinen eigenen Heiligen, in den meisten Ländern gehen sie auf mittelalterliche Gestalten zurück. In der Barockzeit pflegten die Habsburger vor allem den Kult des heiligen Leopold und des heiligen Joseph, die ebenfalls als Landesheilige fungierten.

Für die Frömmigkeit des Mittelalters und der Frühen Neuzeit spielte die Heiligenverehrung eine zentrale Rolle. Für alle möglichen Zuständigkeiten – für Berufe und Krankheiten, für Diözesen und Städte – gab es Heilige, von denen man sich besonderen Schutz versprach.

Eine politische Funktion kam den Landesheiligen zu, die symbolisch für ein ganzes Land standen und auch Teil der Identitätsstiftung waren. In den österreichischen Ländern wurden zunächst sehr lokale Heilige verehrt, wie der irische Pilger Koloman, der bei Stockerau sein Martyrium erlitten hatte, in Niederösterreich, der heilige Florian, der in der Römerzeit in der Enns versenkt wurde, in Oberösterreich, die heilige Hemma von Gurk in Kärnten und die heiligen Rupert, Virgil und Erentrudis in Salzburg.

Da die wichtigen Kronländer der Habsburgermonarchie Ungarn und Böhmen ab der Neuzeit mit dem heiligen Stephan/István bzw. dem heiligen Wenzel/Václav sehr wirkmächtige Landesheilige hatten, versuchte man auch in den österreichischen Erbländern einen solchen Heiligen zu etablieren. Und so wurde der babenbergische Markgraf Leopold III. (1073–1136), der 1485 kanonisiert worden war, von Kaiser Leopold I. (1640–1705) zum Heiligen Österreichs gemacht und in der Barockzeit besonders beachtet. Auch der Landesheilige der Steiermark sowie von Tirol und Vorarlberg, der heilige Joseph von Nazareth, verdankte diese Rolle den Habsburgern, die ihn, beeinflusst von den Bettelorden, vor allem den Karmelitern, besonders verehrten und ihm ihre Länder weihten. Die Namen der Habsburger der Barockzeit – Leopold und Joseph sowie der nach Karl Borromäus benannte Karl VI. (1685–1740) – spiegeln dieses neue Frömmigkeitsverständnis wider.

In der neueren Zeit kam dann mit dem Burgenland noch ein weiterer Heiliger dazu, Martin von Tours. Auch Wien hat – ob als Stadt oder als Bundesland ist nicht zu unterscheiden – mit dem Redemptoristen Klemens Maria Hofbauer (1751–1820) seinen eigenen Landesheiligen.

5. Woher kommt der rot-weiß-rote Bindenschild?

Das rot-weiß-rote Wappen, der Bindenschild, wurde zunächst zum Symbol für die Babenberger, dann von den Habsburgern übernommen und wird schließlich auch seit dem Ende der Monarchie bis heute als Staatssymbol verwendet. Darüber, wie dieses Wappen entstanden ist, gibt es viele Theorien, die alle nicht befriedigen.

Eine weit verbreitete Legende erzählt, dass der Babenbergerherzog Leopold V. (1157–1194) auf dem dritten Kreuzzug bei der Belagerung von Akkon von 1189 bis 1191 so tapfer gekämpft habe, dass sein weißes Gewand völlig mit dem Blut der Feinde durchtränkt gewesen sei. Als er nach dem Ende des Gemetzels seinen breiten Gürtel abnahm, sei so das rot-weiß-rote Wappen entstanden. Diese blutrünstige Heldengeschichte entspricht mit größter Wahrscheinlichkeit nicht der Realität. Vielleicht hängen die Farben aber doch mit der Sturmfahne der Kreuzzüge zusammen.

Viele andere Theorien, woher dieser Bindenschild kommen könnte, wurden aufgestellt. Sie alle beruhen auf der Annahme, dass die Babenberger ihn von anderen Familien übernommen haben, um damit an deren Tradition anzuschließen. Man nennt das »heraldische Ansippung«. In diesem Zusammenhang wird die Lehensfahne der hochfreien Familie der Eppensteiner genannt, von denen das Wappen über die steirischen Otakare schließlich an die Babenberger gekommen sein soll. Ganz ähnlich gelagert ist die behauptete Übernahme von den in der Gegend um Horn reich begüterten Grafen von Poigen-Hohenburg-Wildberg, die von den Babenbergern beerbt wurden. Das Problem dieser Erklärungen ist, dass sie sich entweder als falsch herausgestellt haben oder nicht bewiesen werden können. Außerdem erklären diese Spekulationen die Entstehung des Wappens nicht, sondern verschieben sie nur auf eine andere Familie. Eine weitere Vermutung ist, dass dieser Bindenschild, der schon zu Beginn des 12. Jahrhunderts in einer Zeichnung vermutet wird, ein altes babenbergisches Wappen war.

Die früheste sichere Quelle für die Existenz dieses Wappens ist ein Siegel aus dem Jahr 1230, das allerdings nur die Form, nicht aber die Farben überliefert, schriftliche Quellen der Zeit bestätigen jedoch diese Farbkombination.

Die Habsburger haben diese Wappenfahnen ebenso wie die Bezeichnung des Landes übernommen, nannten sich »Haus Österreich« und führten den Bindenschild als eine Art Familienwappen. Sie kombinierten es mit dem Habsburgerwappen (blau gekrönter, gezüngter und bewehrter roter Löwe auf goldenem Grund) und später mit diesem und dem lothringischen Wappen (drei silberne gestümmelte Adler auf rotem Grund). Diese Wappenkombination bildete das Zentrum (Herzschild) aller Wappen der Habsburgermonarchie.

Der Bindenschild und seine Farben wurden auch von der Ersten Republik übernommen, nachdem man zunächst (als 1918 der Anschluss an Deutschland geplant wurde) mit einer Schwarz-Rot-Gold-Kombination spekulierte, deren Reste sich in den Farben des Bundesadlers finden lassen.

6. Welche Staatssymbole standen in der Zeit nach 1918 für das Land?

In der Zeit nach 1918 haben sich mit den sich wandelnden politischen Systemen – Republik, Austrofaschismus, Nationalsozialismus und wieder Republik – auch die Staatssymbole verändert.

Mit dem Zerfall der Habsburgermonarchie entstand der Staat Deutschösterreich, der sich nicht als selbstständiges Staatsgebilde verstand, sondern als Teil der nach dem Ende der Hohenzollernmonarchie gebildeten Deutschen Republik. Der erste Entwurf für ein Staatssymbol stammte aus der Feder von Staatskanzler Karl Renner (1870–1950) und wurzelte noch ganz in der Idee des Anschlusses an Deutschland. Das Bild zeigte drei Symbole: oben zwei rote gekreuzte Hämmer als Symbol für die Arbeiter, darunter eine schwarze stilisierte Burg als Symbol für das Bürgertum, dies alles umrahmt von goldenen Kornähren, dem Symbol für die Bauern. Die Farben entsprachen der schwarz-rot-goldenen deutschen Flagge. Die Fahne – und hier bezog man sich auf alte Traditionen – war rot-weiß-rot.

Mit der durch die Siegermächte des Ersten Weltkriegs erzwungenen Eigenstaatlichkeit Österreichs griff man auf das alte Staatssymbol des Adlers mit dem aufgelegten Bindenschild zurück, allerdings war der Adler nicht doppelköpfig wie in der Monarchie, sondern hatte nur einen Kopf. Der Adler wurde von einer goldenen Mauerkrone bekrönt, in seinen Fängen trug er Hammer und Sichel, ebenfalls in Gold. Letztere waren kein Symbol des Kommunismus, wie oft geglaubt wird, sondern symbolisierten Arbeiter und Bauern.

Mit dem Ende der Demokratie in Österreich 1933/34 wurde das Kruckenkreuz (ein Kreuz mit Balken an den Enden), das schon früher auf Orden und Münzen der Ersten Republik Verwendung fand, in die Fahne integriert. Das Staatswappen des Austrofaschismus von 1933–1938 war ein doppelköpfiger Adler mit Nimbus (eine Art Heiligenschein rund um die Köpfe des Adlers) mit dem aufgelegten Bindenschild, aber ohne Mauerkrone, Hammer und Sichel als Symbole für die verschiedenen sozialen Gruppen. Mit dem Jahr 1938 wichen das österreichische Wappen und die Fahne dem Hakenkreuz, das bis 1945 – also in der Zeit, in der Österreich als eigenständiger Staat nicht existierte – das dominante Symbol des Landes war.

In der Zweiten Republik kehrte man zum Wappen aus der Zeit vor 1933/34 zurück, das allerdings als zusätzliches Element gesprengte Ketten an den Fängen des Adlers dazubekam. Diese wurden 1945 ins Wappen aufgenommen, weisen also auf die Befreiung vom Nationalsozialismus und nicht – wie viele meinen – auf die Befreiung von den Besatzungsmächten 1955 hin.

7. Welche Hymnen wurden an welchen Staatsfeiertagen gesungen?

Ebenso wie andere Staatssymbole spiegeln auch die Staatsfeiertage und Hymnen den Wandel der politischen Systeme des 20. Jahrhunderts wider.

Die Habsburgermonarchie hatte keinen gemeinsamen Staatsfeiertag, der Geburtstag des Kaisers stellte allerdings ein verbindendes Element der Kronländer dar, die ihre eigenen nationalen Feiertage hatten (z. B. Tag des heiligen Stephan/István in Ungarn oder des heiligen Wenzel/Václav in Böhmen). An Kaisers Geburtstag und bei vielen anderen staatlichen Festen wurde die Kaiserhymne gesungen. Diese wurde 1797 von Lorenz Leopold Haschka geschrieben, die Melodie komponierte Joseph Haydn (1732–1809) im Auftrag von Kaiser Franz II./I. (1768–1835). Die Hymne entstand in einer Zeit des wachsenden Patriotismus, der als Gegengewicht zur Französischen Revolution zu sehen ist. Der Text der Hymne (ursprünglich begann und endete er mit: *Gott erhalte Franz, den Kaiser, Unsern guten Kaiser Franz!*) änderte sich mit jedem Thronwechsel. Diese Hymne war von 1826 bis 1918 – vom Ausgleich mit Ungarn 1876 an allerdings nicht mehr in Ungarn – die offizielle Hymne der Habsburgermonarchie.

Nach der Ausrufung der Republik am 12. November 1918 herrschte ein Bedarf an neuen Symbolen, der sich nach dem Verbot des Anschlusses an Deutschland verstärkte. Der Gründungstag der Republik wurde zum Staatsfeiertag und am 12. November 1919 erstmals begangen. Von 1920 bis 1929 wurde zumindest von den Sozialdemokraten die »Rennerhymne« gesungen; sie war allerdings nie offizielle Hymne der Ersten Republik. Der Text (er begann mit: *Deutschösterreich, du herrliches Land*) stammte von Staatskanzler Karl Renner (1870–1950), die Musik von Wilhelm Kienzl (1857–1941).

Unter dem sich verstärkenden Einfluss der Christlichsozialen kehrte man 1929 wieder zur alten Haydn-Melodie zurück, zu der Ottokar Kernstock (1848–1928) einen neuen Text schrieb (er begann mit: *Sei gesegnet ohne Ende*). Kernstock war ein nationaler katholischer Priester, der sich schon zu Beginn des Ersten Weltkriegs durch schreckliche, aggressive Verse über die Gegner »ausgezeichnet« hatte. Diese Hymne blieb bis 1938 in Kraft, auch nachdem sich der Staatsfeiertag geändert hatte. Im Austrofaschismus wurde der 1. Mai (an dem im Jahr 1934 die neue faschistische Verfassung und das Konkordat mit der katholischen Kirche in Kraft traten) zum Staatsfeiertag, der interessanterweise auch in der Zeit von 1938 bis 1945 überlebte. Wurde die Hymne als Instrumentalstück gespielt, konnte man sich unterschiedliche Texte dazu denken: die Kaisertreuen das *Gott erhalte*, die Christlichsozialen und Austrofaschisten *Sei gesegnet* und die wachsende Zahl der Nationalsozialisten *Deutschland, Deutschland über alles*.

Die Deutschlandhymne (zur Melodie von Haydn trat hier der Text von August Heinrich Hoffmann von Fallersleben) mit ihrer imperialistischen ersten Strophe (*Deutschland, Deutschland über alles*) und das Horst-Wessel-Lied (*Die Fahne hoch, die Reihen dicht geschlossen*) dominierten die Symbolik des Dritten Reiches.

Nach 1945 gab es zunächst wenig Grund zum Feiern, bis 1955 gab es daher in Österreich keinen Staatsfeiertag. Erst nach dem Staatsvertrag, nämlich am 11. September 1956, beschloss der Ministerrat, dass am 26. Oktober der *Tag der Fahne* gefeiert werden sollte. Ein Nationalfeiertag wurde erst 1965 eingeführt. Von den infrage kommenden Tagen war der 12. November 1918 durch die Anschlussidee belastet, die Gründung der Zweiten Republik am 27. April 1945 oder der Abschluss des Staatsvertrages am 15. Mai 1955 wären andere Möglichkeiten gewesen. Man entschloss sich jedoch für den 26. Oktober 1955, an dem Österreich die immerwährende Neutralität erklärte. Diese Neutralitätserklärung und nicht, wie vielfach geglaubt, der Abzug

19

des letzten alliierten Soldaten, war und ist die offizielle Begründung für den Nationalfeiertag.

Bei der Wahl der neuen österreichischen Bundeshymne wandte man sich von der vom Nationalsozialismus missbrauchten Haydn-Melodie ab und machte 1946 das *Bundeslied* von Wolfgang Amadé Mozart (1756–1791) zur Hymne, die dann 1947 mit dem Text von Paula von Preradović (1887–1951) (*Land der Berge, Land am Strome*) unterlegt wurde. 2011 wurde nach langen Streitigkeiten und Diskussionen beschlossen, die Hymne zu »gendern«, die Zeile *Heimat großer Töchter und Söhne* ersetzte die ursprüngliche Zeile *Heimat bist du großer Söhne.*

Neben der offiziellen Bundeshymne gibt es eine Reihe von Melodien, die als »geheime Hymnen Österreichs« gelten, z. B. der Radetzkymarsch, der Donauwalzer, *Oh du mein Österreich*, *Rock Me Amadeus* von Falco (1957–1998) und *I am from Austria* von Rainhard Fendrich (geb. 1955). International wird Österreich mit dem Lied *Edelweiß* aus dem hierorts kaum bekannten Musical bzw. Film *Sound of Music* in Verbindung gesetzt.

EREIGNISSE

8. Gibt es eine österreichische Urgeschichte?

Von einer österreichischen Urgeschichte kann man nicht sprechen, nur von einer Urgeschichte in Österreich, wobei dabei die Grenzen des heutigen Österreich in eine Vergangenheit projiziert werden, in der sie allerdings nicht existiert und keine Rolle gespielt haben.

Da die Geschichte eines Landes über ein bestimmtes Staatsgebiet oder ein bestimmtes »Volk«, also eine Staatsnation, konstruiert wird, muss man sich für die frühen Epochen der Geschichten von solchen Vorstellungen frei machen. Die ersten Bewohner der Urzeit auf dem Gebiet des heutigen Österreich kletterten nicht mit einem rot-weiß-roten Fähnchen aus ihrer Höhle. Urgeschichte ist ein internationales Phänomen und auch Forschungsgebiet. Die Urgeschichte Österreichs kann nur in diesem Rahmen und einzelne Erscheinungen können bestenfalls an österreichischen Funden erläutert werden. Ob die Menschen der Urgeschichte eine Bezeichnung für einzelne Gebiete oder auch Namen für bestimmte Siedlungen hatten, wissen wir nicht, da die Urgeschichte definitionsgemäß eine schriftlose Zeit ist. Einzelne Worte, vor allem Flussnamen, wurden von den Illyrern und Kelten geprägt und von den neuen, meist bayrischen Siedlern übernommen, sodass wir im Namensgut solche Spuren der Ethnien der Vergangenheit erahnen können.

Ungeachtet bedeutender Fundstätten beispielsweise der Altsteinzeit, wie etwa der Gudenushöhle bei Hartenstein im Kremstal oder der Teufelslucken bei Roggendorf in Niederösterreich sowie der Drachenhöhle bei Mixnitz, der Repolusthöhle und der Badlhöhle bei Peggau, der Lieglhöhle bei Tauplitz und der Salzofenhöhle bei Bad Aussee in der Steiermark, sind wir auf eine vergleichende Forschung in anderen Ländern angewiesen, um diese Epoche zu verstehen. Dasselbe gilt für die jungsteinzeitlichen Funde, die eine sesshafte Bevölkerung hinterlassen hat, oder die Bronze- und Eisenzeit.

9. Wer waren die Venus von Willendorf und Ötzi?

Die Venus von Willendorf ist der bekannteste Bodenfund Österreichs, eine kleine Frauenfigur, die schon 1908 ausgegraben wurde. Der Ötzi oder »Similaun-Mann« wurde 1991 nahe der österreichisch-italienischen Grenze gefunden und ist der wissenschaftlich wohl am besten untersuchte Mensch. Die über 5000 Jahre alte Mumie ist eine wertvolle Quelle für die Urgeschichte.

Zwei Namen aus der Urgeschichte kennt jedermann im Lande, auch ohne jegliches Interesse an der Urgeschichte. Eine Ikone der urgeschichtlichen Forschung ist die Venus von Willendorf, die auch eine identitätsstiftende Wirkung hat, denn sie wird – unterschwellig – als eine Art Urmutter des Landes gesehen. Die nur 11 cm große Figur aus Kalkstein stellt eine dicke, unbekleidete Frau mit starken Hüften (man spricht vom Reithosentypus) und vorstehendem Bauch dar. Die Genitalien und die schweren Brüste sind überbetont. Die Arme sind nur angedeutet, Füße hat die Figur keine, auch der Kopf ist ohne Gesicht. Markant ist die Frisur aus parallelen Lockenreihen. An den Handgelenken trägt die »Venus« gezackte Armreifen. Die kleine, ca. 24.000 Jahre alte Statue war ursprünglich dick mit roter Farbe bemalt, was auf Beziehungen zum Totenkult hinweisen könnte. Sie ist eine von vielen Idolfiguren, die vermutlich mit dem Fruchtbarkeitskult zusammenhängen, sie ist jedoch der erste Fund dieser Art und wurde bereits 1908 bei Willendorf in der Wachau gefunden.

Weitaus später wurde ein echter, mumifizierter Mensch der Urzeit, der nicht bloß ein Skelett war, von einem Gletscher freigegeben. Er ist sozusagen ein Medien-Star geworden: der »Ötzi« (die Wissenschaft nennt ihn den »Similaun-Mann«).

Im Jahr 1991 entdeckte ein deutsches Ehepaar am Hauslabjoch, schon auf italienischem Staatsgebiet, in 3210 m Seehöhe den Ötzi. Die Datierung der Kupferklinge des Beils, das bei der Leiche gefunden wurde, brachte einen ersten Anhaltspunkt in Bezug auf das Alter des Fundes. Eine genauere Altersdatierung erfolgte anschließend mithilfe der Radiokarbonmethode. Den Ergebnissen dieser Untersuchungen zufolge starb Ötzi vor etwa 5100 bis 5350 Jahren im Übergang von der Jungsteinzeit zur Kupferzeit und wurde im Gletscher völlig konserviert. Zuerst ging die Annahme dahin, dass sich Ötzi im Frühherbst verirrt hatte und erfroren war. 2001 jedoch wurde bei einer Röntgenuntersuchung eine Pfeilspitze aus Feuerstein nahe seiner Lunge gefunden, weshalb man nun glaubt, dass er ermordet wurde.

Der Similaun-Mann war etwa 45 Jahre alt, ca. 1,60 m groß und wog zwischen 50 und 60 kg. Seine körperliche Verfassung war sehr schlecht. Seine Zähne sind stark abgenützt, was auf das Mahlen des Getreides mit Steinmühlen zurückgeführt wird, die im Mehl zerriebene Steinpartikel hinterließen. Er hatte auch große Probleme mit den Gelenken, wie sie heute bei sehr alten Menschen auftreten. Seine Blutgefäße waren stark verkalkt, die Lunge rußgeschwärzt, vermutlich vom zu nahen Aufenthalt an offenen Feuern oder bei der Kupfergewinnung an einem Schmelzofen. An verschiedenen Stellen seines Körpers hat Ötzi stich- und kreuzförmige Tätowierungen, die an charakteristischen Schmerzpunkten liegen und vielleicht aus medizinischen Gründen gemacht wurden.

Seine Kleidung ist gut erhalten. Er trug einen Gürtel mit aufgenähten Taschen, einen Lendenschurz, eine Art Hose aus Ziegenleder und eine Mütze aus Bärenfell. Ein langer Umhang aus hochalpinem Gras schützte ihn gegen Regen. Seine Schuhe hatten eine Sohle aus Bärenleder, auf die ein Netz genäht war, das mit einer isolierenden Grasschicht ausgestopft war, darüber eine obere Abdeckung aus Hirschhaut. Auch führte Ötzi diverse Utensilien für alle Lebenslagen mit sich: Gegenstände zum Feuermachen, einen Dolch mit einer Feuersteinklinge, Pfeil und Bogen. Vieles von dem, was man am Ötzi feststellte, war der Urgeschichte schon vorher bekannt, einiges hingegen (wie z. B. Tätowierungen, Kleidung etc.) war neu. Vor allem aber zeigt uns der Similaun-Mann deutlich, wie viel von den urgeschichtlichen Kulturen verloren gegangen ist und wie bruchstückhaft unser Wissen über diese Zeit letztlich ist.

10. Ist die Hallstattkultur ein österreichisches Spezifikum?

Zwar ist Hallstatt einer der reichsten Fundorte der Hallstattkultur, aber diese war in ganz Europa verbreitet und ist kein spezifisch »österreichisches« Phänomen.

In der älteren Eisenzeit im 7. Jahrhundert v. Chr. entstand in einem österreichischen Ort, der dieser Periode auch ihren Namen gab, ein kulturelles Zentrum. Man spricht von der Hallstattzeit oder, in der internationalen Forschung, von der La-Tène-Zeit. Der romantisch gelegene Ort am Ufer des Hallstätter-Sees im Salzkammergut, der nicht gerade an den wichtigsten Handelswegen der Zeit lag, verdankt diese Bedeutung der Tatsache, dass dort im Gebirge Salz gefunden wurde. Salz war nicht nur zum Würzen der Speisen wichtig, sondern auch eines der wenigen verfügbaren Konservierungsmittel. Aufgrund dieses »weißen Golds« verfügte Hallstatt über sehr weiträumige Handelsbeziehungen in Europa.

Das Salz, das nicht wie heute im Soleverfahren – man leitet Wasser in den Berg und verdunstet die herauskommende Salzlösung, bis das Salz übrig bleibt –, sondern im Untertagbau gewonnen wurde, machte die Siedlung in Hallstatt reich. Für die Archäologen hat der Salzbergbau eine zusätzliche Bedeutung: Neben den Gräbern mit ihren Beigaben wurden im Salzberg auch andere Gegenstände wie Kienspäne, Holzgeräte, Fellkleidung und Tragsäcke für Salz (so ähnlich wie ein Rucksack) aus organischem Material gefunden, die durch das Salz konserviert wurden.

Die hallstattzeitlichen Gräber – es gibt dort über 2000 – wurden schon seit 1846 vom Salinenbeamten Johann Georg Ramsauer (1795–1874) ausgegraben, dessen feine Aquarelle die Tatsache kompensieren, dass damals noch keine wissenschaftlichen archäologischen Methoden existierten.

Das Salzbergwerk, das ebenfalls erforscht wurde und wird, ist für die Zeit und die damalige Technologie erstaunlich. Der tiefste Stollen liegt 215 m unter Tag und die höchste Schachtbreite sind 17 m!

Hallstatt ist damit sicherlich einer der bedeutendsten Fundorte der frühen Eisenzeit, allerdings war die Hallstattkultur nicht auf

Österreich beschränkt, sondern erstreckte sich von Westeuropa bis in den Südosten des Kontinents, auf den Balkan. Mit dieser Kultur in Zusammenhang gebracht werden die Illyrer, eine Ethnie, von der sich auch – so nimmt die Forschung an – einiges an Namensmaterial, vor allem bei den Bezeichnungen der Flüsse, erhalten hat. Reiche Fundstätten der Zeit gibt es neben Hallstatt in Kärnten und der Steiermark (besonders das Fürstengrab in Kleinklein) sowie im angrenzenden Slowenien. Typisch für diese kriegerische Zeit waren befestigte Adelssitze und Gräber mit Reiterbestattung. Der neue Werkstoff Eisen, aus dem Waffen gemacht werden konnten, beeinflusste diesen Lebensstil.

Ein weiterer bedeutender Fundort der Hallstattzeit hängt ebenfalls mit der Salzgewinnung zusammen, es ist Hallein bei Salzburg. Mit dem Dürrnberg bei Hallein (6. bis 1. Jahrhundert v. Chr.) besitzt Österreich einen weiteren wichtigen Kelten-Fundort. Dort wurde 1577 der »Mann im Salz« – ein in Salzlauge konservierter verunglückter keltischer Bergmann – gefunden. Leider bestand damals noch keine Möglichkeit, ihn für die Nachwelt zu erhalten, sodass dieser »jüngere Bruder« des Ötzi wieder verloren ging.

11. Welche Rolle spielten Kelten und Römer in der Geschichte Österreichs?

Das keltische Königreich bestand seit ca. 250 v. Chr. und wurde schließlich unter Kaiser Augustus Teil des Imperium Romanum, des Römischen Reiches.

Die Kelten, deren Entstehung als »Volk« (Ethnogenese) sehr umstritten ist, besiedelten das Gebiet des heutigen Österreich und bildeten ab 250 v. Chr. das Königreich Noricum, das sogar eigene Münzen prägte. Die keltische Gesellschaft war bereits reich gegliedert, so gab es neben dem Adel auch die Druiden als eine Art Priester. Die meisten Kelten waren Bauern, sie bauten Weizen, Roggen, Gerste, Hafer und Hirse an, die zu Brot, Brei und Bier verarbeitet wurden, oder zogen Gemüse sowie Flachs und Hanf, die zur Herstellung von Textilien dienten. Als Haustiere hielten die keltischen Bauern Rinder, Pferde, Schweine, Schafe, Ziegen und Hühner, aber auch Hunde, die ebenfalls als Nahrungsmittel Verwendung fanden. Das Königreich Noricum exportierte vor allem Eisen und die berühmten norischen Pferde ins Römische Reich nach Italien, mit dem es in enger politischer Beziehung stand. Der Einfluss Roms zeigt sich auch daran, dass 113 v. Chr. ein römisches Heer die eindringenden Kimbern und Teutonen in der Schlacht von Noreia bekämpfte, aber besiegt wurde. Wo genau in Österreich diese Schlacht stattfand, ist nicht bekannt.

Die Römer eroberten zunehmend keltische Gebiete, so im 3. Jahrhundert das keltische Oberitalien und unter Caesar das keltische Gallien. Drusus und Tiberius verleibten Noricum schließlich 15 v. Chr. dem Römischen Reich ein. Die römischen Provinzen Noricum, Pannonien und Rätien blieben aber weiterhin keltisch besiedelt und wurden nur oberflächlich romanisiert.

Die Grenze zu den »barbarischen« Gebieten im Norden, wo vor allem germanische Stämme hausten, war der *Limes*, der im Gebiet des heutigen Österreich an der Donau verlief, wo in Vindobona (Wien) und Carnuntum größere Legionen bereitstanden. Die Zeit der römischen Herrschaft ist auch eine Epoche der Urbanisierung des Landes; am Limes wurden Lentia (Linz), Lauriacum (Lorch), Vindobona (Wien) und Carnuntum gegründet. Auch viele andere Städte wie Virunum (auf dem Zollfeld in Kärnten), Teurnia (St. Peter in Holz), Aguntum (bei Lienz), Iuvavum (Salzburg) und die in Rätien gelegene Stadt Brigantium (Bregenz) sowie Solva (Wagna bei Leibnitz in der Südsteiermark) und Ovilava (Wels) entstanden. Alle diese Städte waren ein verkleinertes, provinzielles Abbild der Hauptstadt Rom, wo es ein Forum, ein Amphitheater, Thermen und Tempel gab. Später bildeten viele dieser römischen Städte den Siedlungskern der mittelalterlichen Städtegründungen.

Die ständige Bedrohung der Grenze durch verschiedene Stämme führte schließlich dazu, dass gegen Ende des 5. Jahrhunderts ein Großteil der Römer aus Ufernoricum abzog, vor allem in Salzburg und Tirol jedoch blieben Reste der romanischen Bevölkerung noch länger erhalten.

Das kulturelle Erbe Roms hängt aber weniger mit der römischen Bevölkerung als mit dem Christentum zusammen, das seit dem Jahr 380 Staatsreligion im antiken Rom war und auch in der weiteren Geschichte des Raumes eine große Rolle spielen sollte.

12. Wie verliefen die Völkerwanderung und die bayrisch-alemannische Besiedelung des Landes?

In die von den Romanen verlassenen Gebiete drangen Alemannen, Bayern und Slawen ein, welche die Bevölkerung Österreichs langfristig prägen sollten.

Die Völkerwanderung, deren Beginn mit dem Einfall der Hunnen ins Römische Reich 375 und deren Ende mit der Ansiedlung der Langobarden in Italien 568 angesetzt wird, machte das österreichische Gebiet zu einer Art Transitland, hinterließ aber wenige heute noch feststellbare Spuren.

Die »Völker«, die hier wanderten, waren keine allzu großen Gruppen und sind mit dem heutigen Begriff »Volk« schwer zu umschreiben. Es war die Führungsschicht, die der Gruppe ihren Namen gab, das »Volk« selbst bestand aus verschiedenen ethnischen Gruppen, einem Bevölkerungsgemisch.

Eine wesentliche Rolle spielte die Völkerwanderung beim Abzug der Romanen – hier war der heilige Severin als Vermittler zu den germanischen Stämmen eine dominante Persönlichkeit –, die ein Siedlungsvakuum hinterließen. In dieses drangen im Westen die Alemannen, östlich von Tirol die Baiuwaren (Bayern) ein. Nach Ungarn und Niederösterreich kamen im Gefolge eines den Hunnen nachfolgenden Steppenvolkes – der Awaren – auch slawische Siedler. Diese besiedelten in der Steiermark, in Kärnten und Teilen Salzburgs sowie vereinzelt im südlichen Oberösterreich und im Mühl- und Waldviertel das Land.

Langfristig erfolgreich war allerdings die Besiedelung durch die Bayern, die das Christentum brachten und die Slawen zurückdrängten und assimilierten. Charakteristische Ortsnamen für diese frühe Besiedlung mit Endungen auf -ing, -heim oder -ham finden sich vor allem in Nieder- und Oberösterreich. Viele Namen von Flüssen (die oft sehr alt sind und auf die Illyrer oder Kelten zurückgehen), Orten und Fluren sind aber auch slawischen Ursprungs. Zur Illustration einige Beispiele: Von Flüssen abgeleitete Namen wie Feistritz (schnelles Wasser), Flattnitz (Sumpfwasser) oder Liesing (Waldbach), topografische Bezeichnungen wie Görach oder Görtschach (Berg) und Döllach (Tal) oder Baumnamen wie z. b. in Friesach (Birke), Ferlach (Föhre) oder Edlitz (Tanne) finden sich in Österreich häufig.

Heute ist die ursprüngliche slawische Bevölkerung nur mehr im Süden Kärntens vorhanden, die Kroaten des Burgenlands wurden erst viel später angesiedelt.

13. Welche Auswirkungen hatte der Sieg gegen die Ungarn 955 auf dem Lechfeld für Österreich?

Nach dem Sieg über die kriegerischen Ungarn wurde eine Mark eingerichtet, deren Markgraf der Babenberger Luitpold (Leopold) wurde. Dieses zunächst kleine Gebiet ist die Keimzelle Österreichs.

Nachdem die Hunnen und die Awaren untergegangen waren, kam Ende des 9. Jahrhunderts erneut eine ethnische Gruppe aus den Steppen Asiens in die Tiefebene der Donau und der Theiß östlich des heutigen Österreich. Diese Ungarn oder Magyaren gaben dem Land dann auch langfristig seinen Namen. Die Ungarn waren ein nomadisches Reitervolk, das in der pannonischen Tiefebene ideale Lebensverhältnisse vorfand. Neben der wirtschaftlich dominanten Viehzucht trugen große Raubzüge zum Lebensunterhalt bei. Die schnellen, wendigen Reitertruppen waren nicht auf die Eroberung von Gebieten ausgerichtet, sondern auf das Beutemachen. Die Kampftechnik mit raschen Scheinfluchten und der Fähigkeit, sich im Sattel umzudrehen und mit dem Bogen sehr exakt zu schießen, machte die Ungarn zunächst unbesiegbar.

Erst Otto I. der Große (912–973), der das Heilige Römische Reich stabilisierte und vergrößerte, konnte die Ungarn in der Schlacht auf dem Lechfeld 955 besiegen. Er verschaffte sich dadurch den Ruf eines »Retters der Christenheit« und die Ungarn wurden in die pannonische Tiefebene zurückgedrängt, mittelfristig auch christianisiert und damit der europäischen Staatenwelt eingegliedert.

Eine unmittelbare Folge des Sieges auf dem Lechfeld war die Einrichtung einer Mark gegen die Ungarn, die zur Verteidigung gegen etwaige Einfälle dienen sollte. Markgraf wurde einer der treuesten Gefolgsleute Ottos I., der Babenberger Luitpold oder Leopold I. (um 940–994). Woher diese Familie kam, ist in der Forschung sehr umstritten, die im Mittelalter vertretene Abstammung aus der Gegend von Bamberg gilt als nicht sehr wahrscheinlich. Das Hauptproblem der Erforschung der Geschichte dieser Zeit ist die Quellenarmut, die selbst bei der Genealogie der Babenberger zu Unsicherheiten führt. Die sogenannte genealogisch-besitzgeschichtliche Methode versucht durch die Mischung einer Konstruktion von Familiengeschichten und dem Besitz der Familien Rückschlüsse zu ziehen. Auch Leitnamen, die immer wieder vorkommen, wie der Name Luitpold bei den Babenbergern, können Rückschlüsse ermöglichen. Manchmal werden die Babenberger daher auch Luitpoldinger genannt.

Das zunächst sehr kleine Gebiet der Mark wurde zur Kernzelle Österreichs, vergrößerte sich aber während der ca. 250 Jahre langen Herrschaft der Babenberger.

14. Was geschah unter der Herrschaft der Babenberger?

Unter der zweieinhalb Jahrhunderte währenden Herrschaft der Babenberger vergrößerte sich deren Einflussbereich und umspannte letztlich den Osten des heutigen Österreich. Der Landesausbau führte zu einer dichter werdenden Besiedlung und der Gründung vieler Klöster.

Die Herrschaft der Babenberger beschränkte sich zunächst auf ein kleines Gebiet an der Donau, in dessen Zentrum Melk lag. Im Laufe des späten 9. Jahrhunderts dehnte sich die Mark gegen Osten zu aus; mit der Christianisierung Ungarns um 1000 wurden die Möglichkeiten zu einer weiteren Expansion allerdings eingeschränkt. Die Babenberger, die über relativ geringen Eigenbesitz im Lande verfügten, der sich aber durch königliche Schenkungen vermehrte, gründeten Klöster, die dem Landesausbau dienten.

Neben den Babenbergern waren noch viele hochfreie Geschlechter wie beispielsweise die Sighardinger, die Formbacher oder die Grafen von Plain im Lande reich begütert, und es war keineswegs klar, dass sich die Babenberger letztlich durchsetzen würden. Einige dieser Familien, wie das Geschlecht der Sempt-Ebersberg oder die Grafen von Wels-Lambach, starben um die Mitte des 11. Jahrhunderts aus, die Babenberger beerbten sie und konnten dadurch ihre Stellung im Lande festigen. Nicht nur Adelsfamilien, sondern auch Klöster wie Salzburg, Regensburg, Freising, Niederaltaich, Tegernsee, Mattsee und Mondsee verfügten über Besitzungen im Lande.

Neben der Situation in ihrem Herrschaftsgebiet stellten auch die großen Probleme des Mittelalters – vor allem die Auseinandersetzung zwischen Kaisertum und Papsttum, die im Investiturstreit kulminierte – die Babenberger vor die Schwierigkeit, mit welcher Seite sie es halten sollten.

Der bedeutende babenbergische Markgraf Leopold III. (1073–1136) wandte sich dem Kaiser zu und erreichte durch seine Politik eine einflussreiche Stellung in der damaligen Gesellschaft des Reiches. Er war ein großer Klostergründer und stattete auch bestehende Klöster wie Melk mit umfangreichen Grundbesitzungen aus. Leopold gründete Klosterneuburg, wo er auch begraben wurde, sowie das Zisterzienserkloster in Heiligenkreuz. Die entsprechenden Beziehungen hatte sein Sohn Otto von Freising (um 1112–1158) – auch ein bedeutender Geschichtsschreiber seiner Zeit – hergestellt, der in Morimond dem Zisterzienserorden beigetreten war. In der Zeit der Babenberger wurden im Gebiet Österreichs etwa 30 Klöster gegründet, allerdings nicht alle durch die Familie der Markgrafen. Da die Geistlichen weder militärische Gewalt ausüben noch die Todesstrafe verhängen konnten, waren sie auf den »Schutz und Schirm« weltlicher Großer angewiesen. Diese Vögte verwalteten auch das Kirchengut, sodass die Vogtei über Klöster im Prozess des Werdens der Landesherrschaft eine wesentliche Rolle spielte.

Mit der Vergrößerung des Machtbereiches der Babenberger ging auch die Verlegung des Herrschaftsmittelpunktes Hand in Hand.

Dieser wechselte zunächst von Melk nach Tulln und Klosterneuburg und schließlich unter Heinrich Jasomirgott (1107–1177) nach Wien.

1192 trat ein Ereignis ein, aufgrunddessen das Territorium der Babenberger enorm vergrößert wurde. In weiten Teilen Oberösterreichs und der Steiermark herrschten die Traungauer oder Otakare (viele Familien hatten einen »Leitnamen«, der in jeder Generation auftaucht und von den Historikern dann als eine Art Familienname übernommen wurde). Sie stammten ursprünglich aus dem Chiemgau, saßen dann in Steyr im Traungau (daher der andere Name der Familie) und regierten von 1056 bis 1192 in der Steiermark, die ihren Namen dem Sitz der Familie in Steyr verdankt. 1186 schloss der letzte steirische Herzog Otakar IV. (1136–1192), der krank war und keine Erben hatte, mit den Babenbergern einen Erbvertrag, die Georgenberger Handfeste. Und so fielen nach dessen Tod 1192 große Teile Oberösterreichs und die Steiermark an die Babenberger.

In der Folge erwarben die Babenberger Besitzungen in Italien, womit sich ihr Gebiet weiter vergrößerte. Auch in der internationalen Politik waren die babenbergischen Herzöge tätig und machten ihren Hof in Wien zu einem kulturellen Mittelpunkt, an dem unter anderen der berühmte Minnesänger Walther von der Vogelweide (um 1170– um 1230) wirkte.

Unter dem letzten Babenbergerherzog, Friedrich II. dem Streitbaren (1211–1246), gab es zahlreiche Auseinandersetzungen mit den Nachbarn, aber auch mit dem Kaiser, dennoch vermochte er die landesfürstliche Stellung weiter auszubauen. Am 15. Juni 1246 fiel der Babenberger Friedrich in der Schlacht an der Leitha, ohne einen männlichen Erben zu hinterlassen. Damit waren die Babenberger ausgestorben.

15. Was ist die *Ostarrîchi*-Urkunde?

Die Urkunde aus dem Jahr 996 nennt das Land der Babenberger erstmals Ostarrîchi und gilt daher als »Geburtsdokument« Österreichs.

Unter der Herrschaft des Sohnes des ersten Babenbergers Leopold I. (um 940–994), dem Markgrafen Heinrich I. (994–1018), wurde am 1. November 996 vom römisch-deutschen Kaiser Otto III. (980–1002) eine Urkunde für das bayrische Kloster Freising (in der Nähe von München) ausgestellt, die eine Schenkung des Gutes Neuhofen an der Ybbs zum Inhalt hatte. Die Urkunde selbst wäre nicht besonders erwähnenswert, denn das Rechtsgeschäft, das damit dokumentiert wurde, nämlich die Ausstattung eines Klosters mit Grundbesitz, kommt häufig vor.

Was dieses Dokument ins Zentrum des Interesses der Historiker rückte, war die nähere Angabe darüber, wo dieses Neuhofen gelegen war. Da hieß es: »in regione vulgari vocabulo Ostarrîchi in marcha et in comitatu Heinrici comitis filii Luitpaldi marchionis« (Übersetzung: in jenem Gebiet, das in der Volkssprache Österreich heißt und in der Mark und Grafschaft des Grafen Heinrich, des Sohnes des Markgrafen Leopold, liegt). Damit wurde diese Urkunde zur »Geburtsurkunde« Österreichs stilisiert oder zumindest feierte man den Namenstag des Staates. Aus dieser Bezeichnung *Ostarrîchi* leitet sich der Name Österreich ab, der auch in viele Sprachen (Niederländisch und die skandinavischen Sprachen) übernommen wurde. Fast zur gleichen Zeit, um 1000, wird das Land auch mit anderen Namen bezeichnet, z. B. *Austria, in orientali regno, in oriente, Osterlant* oder *terra orientalis*. All diese Namen bedeuten so viel wie Land im Osten, weil die Mark damals am Ende der vom Reich beherrschten Welt lag. Der im 19. und 20. Jahrhundert – vor allem im Nationalsozialismus – verwendete Name »Ostmark« ist kein mittelalterlicher Begriff, sondern eine spätere Übersetzung das lateinischen *marchia orientalis*.

Die beiden Bezeichnungen *Ostarrîchi* und *Austria* waren prägend für die internationale Benennung des Staates in Vergangenheit und Gegenwart. Nur wenige Sprachen haben eine Bezeichnung für

Österreich, die nicht von diesen Namen ausgeht – wobei die Ableitung von Austria eindeutig dominiert. Auch die zunächst exotisch klingende finnische Bezeichnung *Itävalta* ist eigentlich nur eine Übersetzung: *itä* heißt Osten und *valta* Land.

Im Tschechischen heißt Österreich *Rakousko*, ein Wort, das vermutlich auf eine Verballhornung des Namens der Grenzfestung Ratgoz (heute Raabs) an der Thaya durch Händler zurückgeht. Interessant und schwer erklärbar ist der Name *al-nemsa* (النمسا) im Arabischen, da er von der Bezeichnung für die Deutschen abgeleitet ist; während aber Deutschland Alemania heißt, wurde dieser Begriff zum Ländernamen für Österreich.

Die Ostarrichi-Urkunde wird im Bayerischen Hauptstaatsarchiv in München aufbewahrt. Im Jahre 1946 feierte man – mit dem Ziel der Förderung des Nationalbewusstseins nach der NS-Herrschaft – *950 Jahre Österreich* und 1996 dann *Tausend Jahre Österreich* mit einer großen Ausstellung; in Neuhofen wurde eine Gedenkstätte eingerichtet. Für die Identitätsstiftung Österreichs spielt dieses Dokument eine herausragende Rolle.

16. Wie kam es zum *Privilegium minus?*

Das *Privilegium minus* von 1156 ist eine Urkunde Kaiser Friedrich Barbarossas, welche die Babenberger zu Herzögen in Österreich machte und ihnen eine Reihe von Privilegien zugestand. Um die Entstehung dieses Dokuments zu verstehen, muss man tief in die Verwandtschaftsbeziehungen der Zeit eindringen.

Unter dem Babenberger Markgraf Leopold III. (1073–1136) hatte das Land bereits eine Art Landesbewusstsein entwickelt, das allerdings auch mit der Person des Herrschers zusammenhing, der hohes Ansehen unter den Großen des Reiches genoss. Seine 1106 geschlossene Ehe mit Agnes von Waiblingen (1074–1143), einer Tochter des Salier-Kaisers Heinrichs IV. (1084–1105) und außerdem Witwe des Staufers Friedrich I. (um 1050–1105), katapultierte ihn in die hohe Reichsaristokratie. Diese Eheschließung war der Preis für den Frontwechsel, den Leopold vollzog. In der Entscheidungsschlacht zwischen

Heinrich IV. und seinem rebellischen Sohn Heinrich V. (1081 oder 1086–1125) wechselte er auf die Seite des Sohnes und wurde dafür mit der Eheschließung mit Agnes belohnt. Als Heinrich V. 1125 starb und sich die Frage der Nachfolge im Reich stellte, war Leopold als Schwager Heinrichs einer der Kandidaten. Er lehnte die Krone allerdings ab, was viele Gründe gehabt haben dürfte. Sein für damalige Zeiten hohes Alter von rund 50 Jahren, die große Zahl an Söhnen, die für spätere Konflikte gut war, und die letztlich doch geringe Machtbasis dürften den Ausschlag für diese Entscheidung gegeben haben.

Der Sohn Leopolds III., Markgraf Leopold IV. (um 1108–1141), war der Nutznießer der Heirat seines Vaters, denn im Reich kam sein Halbbruder Konrad I. (1093 oder 1094–1152; Sohn des Staufers Friedrich I. mit seiner Mutter Agnes) an die Macht. Dessen Rivale Heinrich der Stolze (1102 oder 1108–1139) von Bayern aus dem Hause der Welfen verweigert ihm die Huldigung, wurde abgesetzt und Bayern kam 1139 an Leopold IV., der dadurch Herzog wurde. Als er wenig später starb, wurde sein Bruder Heinrich (Jasomirgott) (1107–1177) sein Nachfolger. Dieser war ebenfalls bestens in der europäischen Politik vernetzt, nahm am Zweiten Kreuzzug 1147/48 teil und heiratete eine Nichte des byzantinischen Kaisers, Theodora Komnena (1134–1184).

Als nach dem Tod Konrads Friedrich I. Barbarossa (um 1122–1190) Herrscher im Heiligen Römischen Reich wurde, änderte sich die familiäre Situation erneut. Der neue Herrscher war sowohl ein Neffe des Welfen Heinrich der Löwe (um 1129/1130 oder 1133/35–1195) als auch des Babenbergers Heinrich Jasomirgott. Bayern ging nun wieder an die Welfen und am Hoftag zu Würzburg 1156 wurde das Problem mit den Babenbergern, die ja nun nicht mehr Herzöge waren, gelöst. In einer feierlichen Zeremonie übergab Heinrich Jasomirgott dem Kaiser sieben Fahnen, der sie an Heinrich den Löwen weitergab, zwei davon gab dieser wieder an den Babenberger zurück. Damit war die neue Rechtssituation augenfällig dargestellt worden, aber dennoch wurde am 17. September 1156 auch eine Urkunde ausgestellt, das sogenannte *Privilegium minus*.

Neben der Herzogswürde wurden mit dieser Urkunde auch eine Reihe anderer Vorrechte verliehen: die männliche und weibliche Erbfolge, die freie Wahl des Nachfolgers (*ius affectandi*) im Falle des Aussterbens auch der Frauenstämme und eine beträchtliche Einschränkung der Vasallenpflicht – die Pflicht der Teilnahme an Hoftagen wurde auf Bayern beschränkt, eine Heerfahrtspflicht bestand nur mehr an den Grenzen des Herzogtums. Außerdem bekamen die Babenberger noch das *Privilegium de non avocando ac non apellando*, das heißt, dass sich niemand in die Gerichtshoheit des Herrschers einmischen konnte. Zwar erhielten in dieser Zeit auch andere Territorien des Reiches solche Sonderrechte, jedoch kann das *Privilegium minus* als Beginn einer Herausentwicklung Österreichs aus dem Heiligen Römischen Reich gesehen werden.

Was Bayern anbelangt, wurde Heinrich dem Löwen das Land 1180 nochmals aberkannt, allerdings kam es diesmal nicht an die Babenberger, sondern an die Wittelsbacher, die es bis 1918, dem Ende der Monarchie in Bayern, innehatten. Für eines der österreichischen Bundesländer hatte das Folgen: Die Steiermark wurde von Bayern gelöst und zu einem eigenen Herzogtum unter den Otakaren, das wenig später die Babenberger erbten.

17. Was versteht man unter Landesausbau?

Der Ausbau des dünn besiedelten und von ausgedehnten Wäldern dominierten Gebietes erfolgte im Mittelalter durch bäuerliche Rodungsarbeit und später auch durch die Anlage von Städten, die hohe Einkünfte brachten und damit die Stellung des Landesfürsten stärkten.

Das Land, das heute Österreich bildet, war zu Beginn des Mittelalters noch sehr naturbelassen, das heißt ein guter Teil des Bodens war von Wäldern bedeckt. Die Bevölkerung war spärlich, das Land sehr dünn besiedelt, zum Teil siedlungsleer. Im Laufe des Mittelalters, vor allem vom 11. bis zum 14. Jahrhundert, setzte europaweit eine Phase der Binnenkolonisation ein, deren Ziel es war, Teile des Waldes zu roden und urbar zu machen. Diese gerodeten Gebiete wurden landwirtschaftlich genutzt, es wurden aber auch Städte und Dörfer angelegt. Gefördert wurde dieser Landesausbau durch neue Agrartechniken, aber auch durch die wachsende Bevölkerung und die Anlage von Städten, die einen größeren Nahrungsbedarf bedingten. Viele neue Siedlungen wurden angelegt, oft auch in ungünstiger Lage, die dann in der agrarischen Krise des späten Mittelalters wieder aufgegeben wurden. Man spricht von **Wüstungen, die oft noch in der Landschaft sichtbar sind und auch archäologische Aufschlüsse über mittelalterliche Siedlungen ermöglichen.**

In dieser Zeit verwandelte sich die durch Wald geprägte »Urlandschaft« in eine Kulturlandschaft, die durch Ackerbau genützt werden konnte. Die schwere Arbeit der Rodung vollzogen die Bauern, die von Klöstern oder adeligen Familien abhängig waren. Viele **Ortsnamen mit der Endung auf -reith, -roit** oder **-schlag deuten auf solche Rodungen hin**, Namen mit der Endung auf **-gschwend oder -brand auf bestimmte Rodungstechniken** wie das Abschälen der Rinde der Bäume, die diese zum »Verschwinden« brachte, oder die Brandrodung.

Neben der wirtschaftlichen Bedeutung hatte der Landesausbau aber auch eine politische Dimension, denn die Landesherren, die der Binnenkolonisierung dienende Klöster gründeten, gewannen dadurch an Bedeutung und langfristig flossen die Einnahmen der sich verändernden Wirtschaft dem Landesherrn zu.

Ein Teil des Landesausbaus war, wie schon erwähnt, die Gründung von Städten. Die erste Phase der Urbanisierung Österreichs erfolgte schon in der Zeit der Römerherrschaft und viele dieser Stadtgründungen überlebten auch. Im Laufe des Mittelalters gründeten die Landesherren Städte, die mit Privilegien ausgestattet wurden, vor allem das Marktrecht für einen Wochen- und oft auch einen Jahrmarkt war wichtig. Eine besondere Blüte erlebten jene Städte, die an Handelsstraßen lagen und über das Niederlags- oder Stapelrecht verfügten. Das bedeutete, dass durchziehende Kaufleute ihre Waren in der Stadt für eine bestimmte Zeit anbieten oder ersatzweise eine Abgabe, das Stapelgeld, zahlen mussten. Viele der neu gegründeten Städte waren kleine, agrarisch dominierte Orte und unterschieden sich von den Dörfern der Umgebung nur durch die Rechtssituation.

18. Wurde Österreich von einem böhmischen Herrscher regiert?

Nach dem Tod des letzten Babenbergers ergriff der böhmische König Přemysl Ottokar gegen das in jener Zeit geltende Lehensrecht die Herrschaft in Österreich. Mit seiner Niederlage gegen Rudolf von Habsburg 1278 endete dieses »böhmische Zwischenspiel« der österreichischen Geschichte.

Als die Babenberger, die den Osten Österreichs beherrschten, 1246 in männlicher Linie ausstarben, trat das weibliche Erbfolgerecht in Kraft. Der letzte Babenberger hinterließ eine Schwester Margarete (1204/05–1266) und eine Nichte Gertrud (1226–1288), die beide aufgrund des *Privilegium minus* erbberechtigt waren.

Das Problem damals war, dass auch im Reich nach dem Aussterben der Staufer eine Krise herrschte: Es gab zwar zwei gewählte Herrscher, aber einer lebte in Kastilien, der andere in Cornwall und keiner konnte die Macht im Reich ausüben. Der (spätere) böhmische König Přemysl Ottokar (um 1232–1278) riss die Macht in Österreich an sich und heiratete zur Legitimierung seines Anspruchs die Schwester des letzten Babenbergers, Margarete, die weitaus älter war als er. Die Nichte Gertrud verbündete sich mit dem ungarischen König Béla IV. (1206–1270) und heiratete dessen Verwandten Roman von Halicz (1150–1205). In den Auseinandersetzungen der beiden Nachbarn bekam Béla kurzfristig die Steiermark, doch 1261 gewann Přemysl Ottokar sie nach einer siegreichen Schlacht wieder zurück.

Der böhmische König, der geschickt agierte und viele Adelige und Klöster auf seine Seite ziehen konnte, gründete in Österreich auch einige Städte und war bis 1273 unbestrittener Landesherr, obwohl er nicht mit den babenbergischen Ländern belehnt worden war. Ottokar beherrschte ein Gebiet von der Ostsee bis an die Adria und war ein mächtiger Mann.

Mit der Wahl Rudolfs von Habsburg (1218–1291) zum Herrscher im Heiligen Römischen Reich im Jahre 1273 änderte sich die Situation. Rudolf konnte das Unrecht seines Rivalen – er herrschte ohne belehnt worden zu sein – nicht tolerieren, ohne an Prestige einzubüßen. So kam es zur Auseinandersetzung, die letztlich in der Schlacht von Dürnkrut und Jedenspeigen (Schlacht auf dem Marchfeld) 1278 mit einem Sieg des Habsburgers endete. Ottokar wurde nach der Schlacht von persönlichen Feinden ermordet und so endete das kurze Intermezzo einer böhmischen Herrschaft in Österreich. Rudolf belehnte zu Weihnachten 1282 seine beiden Söhne Albrecht (1255–1308) und Rudolf (1271–1290) mit den babenbergischen Ländern und legte damit den Grundstock für die jahrhundertelange Herrschaft seines Geschlechtes in diesem Gebiet.

19. Woher kamen die Habsburger?

Die Beschäftigung mit der Herkunft der Familie Habsburg führt ins Elsass und in die Schweiz, wo im Kanton Aargau auch die namengebende Burg liegt.

Die frühe Geschichte der Familie Habsburg ist nicht in allen Details erforscht und auch nicht erforschbar. Die wenigen Quellen lassen keine eindeutigen Schlüsse zu, Thesen einzelner Forscher werden von anderen bestritten. Als Stammvater des Geschlechts gilt Guntram der Reiche (gest. 973), der mit dem Geschlecht der Etichonen im Elsass in Verbindung gebracht wird. Für diese Verwandtschaft sprechen die Besitzungen der frühen Habsburger im Elsass und im Breisgau. Ein zweiter Kern der Herrschaft war der Aargau rund um das vom habsburgischen Grafen Radbot (985–1045) 1027 gegründete Familienkloster Muri; sein Bruder Rudolf (985/990 – um 1063) gründete übrigens 1045 im Oberelsass das Kloster Ottmarsheim.

Herrschaftsmittelpunkt in der Schweiz war die Habsburg, auch Habichtsburg genannt, im schweizerischen Kanton Aargau. Die Habsburger bauten ihren Besitz durch Vogteirechte sowie Heiraten und Erbverträge mit anderen mächtigen Familien aus. Wie viele andere Familien nannten sich auch die Habsburger nach ihrer wichtigsten Burg; der Erste, der sich »von Habsburg« nannte, war Otto (gest. 1111). Die Trennung der Familie in zwei Linien im frühen 13. Jahrhundert – neben der Hauptlinie entstand eine Habsburg-Laufenburgische Linie, die erst 1408 ausstarb – schwächte die Familie. Der Besitz der Habsburger war, wie es für die mittelalterliche »Staatsstruktur« charakteristisch ist, kein Territorialstaat, sondern ein Personenverbandsstaat, das heißt die einzelnen, nicht miteinander zusammenhängenden Teile wurden durch die Person des Herrschers zusammengehalten.

Die Familie dehnte ihr Herrschaftsgebiet im Hochmittelalter weiter aus, sie erwarb die Besitzungen der Herren von Kyburg und Lenzburg. Graf Rudolf IV. gelang es, seine Herrschaft bis über den Schwarzwald auszudehnen. Als er 1273 als Rudolf I. von Habsburg zum Herrscher des Heiligen Römischen Reiches gewählt wurde, war er keineswegs, wie seine Gegner (vor allem der Böhmenkönig Přemysl Ottokar) behaupteten, ein »armer Graf«, sondern einer der mächtigsten Herren am Oberrhein mit ausgedehntem Grundbesitz. Darüber hinaus war seine Familie durch Heiratsverbindungen mit den großen Familien des Reiches verwandt und diese Heiratsnetzwerke trugen erheblich zum Ansehen und zur Macht einer Familie bei.

20. Wie vergrößerten die Habsburger im späten Mittelalter »Österreich«?

Durch eine geschickte Politik und das Glück, dass andere Familien ausstarben, konnten die Habsburger ihr Gebiet im späten Mittelalter erheblich vermehren.

Geschichte wird aus der Retrospektive, dem Rückblick auf die Vergangenheit, geschrieben. Das hat eine spezielle Folge für die Darstellung, denn man sieht dabei genau, wohin bestimmte Entwicklungen geführt haben, und das beeinflusst das Konstrukt der Geschichte enorm. Wenn wir heute von der österreichischen Geschichte des Mittelalters sprechen, so gehen wir von dem Wissen aus, dass all die unterschiedlichen Geschichten der Länder letztendlich durch die babenbergischen und habsburgischen Erwerbungen in die Geschichte eines Länderkomplexes, der als »österreichische« Erbländer bezeichnet wird, einmünden. Aus der Perspektive der Zeit war das keineswegs selbstverständlich. Gegenseitige Erbverträge können zugunsten der einen oder der anderen Familie ausgehen.

Als die Habsburger 1282 mit »Österreich« belehnt wurden, bestand dieses babenbergische Erbe grob gesprochen aus den heutigen

Bundesländern Niederösterreich (mit Wien), Oberösterreich und Steiermark. Im Süden gab es – als Rest des einst größeren und bedeutenderen slawischen Fürstentums Karantanien – das Land Kärnten, das 976 von Bayern getrennt und zu einem eigenen Herzogtum wurde. Ständig wechselnde Herzogsfamilien trugen nicht zum Machterhalt des Landes bei, es verlor z. B. Gebiete an die Otakare. Als letzte selbstständige Herrscherfamilie regierten die Grafen von Görz in Kärnten, und als diese Linie der Görzer Grafen (die Meinhardinger) 1335 ausstarb, erbten die Habsburger und vereinten Kärnten mit den »österreichischen Ländern«.

In Tirol spielten die Bischöfe von Brixen/Bressanone und Trient/Trento eine wichtige Rolle bei der Landwerdung. Im Laufe des 12. Jahrhunderts setzten sich die Grafen von Tirol, die sich nach einer Burg bei Meran/Merano nannten, als Vögte der beiden Bischöfe durch und wurden zu Landesherren. 1253 wurden sie von den Görzer Grafen beerbt, die allerdings 1335 ebenfalls ausstarben. Im Gegensatz zu Kärnten war der Erwerb dieser Länder durch die Habsburger schwieriger, da noch andere große Familien – Luxemburger und Wittelsbacher – mitmischten. 1363 allerdings vererbte die Tochter des letzten Meinhardingers, Margarete Maultasch (1318–1369), Tirol an den Habsburger Rudolf IV. (1339–1365)

Tirol war für die Habsburger doppelt bedeutsam: Erstens kontrollierten sie damit den besten Alpenübergang, den Brennerpass, und zweitens kamen sie damit den Schweizer Besitzungen näher, mit denen gegebenenfalls eine Landbrücke hergestellt werden konnte. In der Expansion gegen Westen bildete die langwierige und stückhafte Erwerbung von Herrschaften im Gebiet von Vorarlberg (Neuburg am Rhein, Bregenz, Feldkirch, Bludenz und Montafon etc.) einen wesentlichen Bestandteil. Die Idee der Landbrücke scheiterte allerdings an der Tatsache, dass die Habsburger im Kampf mit der 1291 gegründeten Schweizer Eidgenossenschaft bis zum Jahre 1415 alle Gebiete in der Schweiz verloren hatten.

Zwei Bundesländer des heutigen Österreich hatten eine andere Entwicklung, die erst spät mit der habsburgischen Geschichte zusammenfiel. Das Burgenland war ein Teil des Königreiches Ungarn, das die Habsburger seit 1526 beanspruchten. Zu einem Gebiet Österreichs wurde das Burgenland erst nach dem Ersten Weltkrieg. Das Erzbistum Salzburg war unter den Bischöfen ein souveräner Staat, der erst am Beginn des 19. Jahrhunderts (endgültig ab 1815) auf Umwegen an die Habsburger in Wien fiel.

21. Was ist das *Privilegium maius*?

In Reaktion auf die Goldene Bulle Kaiser Karls IV. aus dem Jahre 1356 ließ Rudolf IV. sieben Urkunden fälschen, in denen er sich mit den Kurfürsten gleichstellte. Dieses Dokument heißt *Privilegium maius*.

Im späten Mittelalter wurde das Heilige Römische Reich nach dem Aussterben der Dynastie der Staufer ein Wahlreich. Sieben Kurfürsten – die Erzbischöfe von Mainz, Köln und Trier und die Herrscher in Sachsen, Brandenburg, der Pfalz und Böhmen – wählten einen Herrscher, der König im Heiligen Römischen Reich war; erst nach der Krönung durch den Papst wurde er zum Kaiser. Der Personenkreis der Kurfürsten und auch die Abwicklung der Wahl hatten sich gewohnheitsrechtlich herausgebildet, 1356 aber legte Kaiser Karl IV. (1316–1378) aus dem Hause Luxemburg die Modalitäten in der Goldenen Bulle auch schriftlich fest.

Der in Wien regierende Habsburger Rudolf IV. (1339–1365) war mit der Tochter Kaiser Karls IV. verheiratet und konkurrierte auf allen Gebieten mit seinem Schwiegervater. Dieser hatte Prag ausgebaut, die Neustadt begründet, die steinerne Brücke (Karlsbrücke) errichten lassen, den Hradschin, das königliche Schloss, erweitert, den Veitsdom in Auftrag gegeben sowie die Universität (Karls Universität) gegründet. Rudolf IV. der Stifter versuchte Ähnliches in Wien; der Ausbau des Stephansdoms und die Gründung der Universität 1365 (*Alma Mater Rudolfina*) geben Zeugnis davon.

Verärgert über die Goldene Bulle, durch welche die Habsburger von der Königswahl ausgeschlossen wurden, ließ Rudolf einen ganzen Komplex an gefälschten Urkunden anfertigen, in denen er sich den Kurfürsten gleichstellte und die in ihrer Gesamtheit als *Privilegium maius* bezeichnet werden. Ausgehend vom *Privilegium minus* (vgl. Frage 16), das bei dieser Gelegenheit vernichtet wurde, ließ er in sieben Urkunden seine Wünsche als Realität darstellen. Einzelne Teile, wie die angebliche Urkunde Julius Caesars oder Kaiser Neros für Österreich, kamen schon dem Humanisten Francesco Petrarca (1304–1374) eigenartig vor, andere Urkunden wurden erst mit den genaueren analytischen Methoden des 19. Jahrhunderts als Fälschungen entlarvt.

Die langfristig wirksamsten Änderungen waren der Titel Erzherzog, der für das Haus Habsburg charakteristisch wurde, und der damit zusammenhängende Erzherzogshut, dessen Form sich in jeder Urkunde immer mehr einer Königskrone annäherte. Rudolfs Argument für die Gleichstellung mit den Kurfürsten war, dass er als Herzog von Kärnten der Reichsjägermeister war und damit Träger eines Erzamtes, das als Voraussetzung für die Kurfürstenwürde galt.

Das *Privilegium maius* bestimmte aber z. B. auch, dass der Lehensempfang in Österreich stattfinden musste und der »Erzherzog« zu Pferd – also auf gleicher Höhe mit dem sitzenden Kaiser – die Lehen empfangen sollte. Karl IV. wies vor allem diese »Äußerlichkeiten« zurück. Er ließ Rudolf IV. schwören, keine kaiserlichen oder königlichen Insignien zu verwenden, und untersagte die Benützung des prunkvollen Reitersiegels.

Unter dem habsburgischen Kaiser Friedrich III. (1415–1493) wurde das *Privilegium maius* 1453 und dann nochmals 1473 mit Zustimmung der Kurfürsten bestätigt und damit zum Reichsrecht.

22. Gab es außer Wien noch andere Residenzstädte in Österreich?

Im Laufe des späten Mittelalters und dann nochmals in der Frühen Neuzeit wurde die habsburgische Herrschaft in drei Gebiete aufgeteilt. Damit wurden Graz und Innsbruck zeitweilig zu Residenzen der Dynastie.

Die Habsburger herrschten zunächst »zur gesamten Hand«, das heißt, dass der gesamte Besitz der Familie von allen erwachsenen Söhnen ungeteilt verwaltet wurde. Schon in der ersten Generation gab es Schwierigkeiten, dann ging es eine Zeit lang relativ gut, weil immer nur ein großjähriger Habsburger regierte. Nach dem Tod Rudolfs IV. (1339–1365) jedoch sollten seine beiden Brüder Albrecht III. (1349/50–1395) und Leopold III. (1351–1386) gemeinsam regieren. Da die Konflikte um den Anteil an der Herrschaft nicht lösbar waren, kam es 1379 im Vertrag von Neuberg an der Mürz zur Teilung der Länder.

In weiteren Teilungen, bei denen noch mehr Mitglieder der Familie Ansprüche stellten, kam es schließlich zu einer Dreiteilung der habsburgischen Gebiete in Österreich mit drei Linien des Hauses: Donauösterreich, bestehend aus den heutigen Bundesländern Niederösterreich mit Wien und einem Großteil des heutigen Oberösterreich (ohne das erst 1779 gewonnene Innviertel); Innerösterreich, bestehend aus der Steiermark, Kärnten und Krain; sowie Tirol und die Vorlande (das ist der Streubesitz der Habsburger in Süddeutschland bis ins Elsass). Damit entstanden neben Wien, dem Sitz der donauösterreichischen Linie, auch in Graz für Innerösterreich und in Innsbruck für Tirol und die Vorlande Residenzen, die entsprechend ausgestaltet wurden (beste Beispiele: die Grazer und die Innsbrucker Burg). Tirol und die Vorlande werden verwirrenderweise manchmal auch »Oberösterreich« genannt, was zu Verwechslungen mit dem Bundesland gleichen Namens führt. Erst 1493 konnte Maximilian I. (1459–1519) diese Dreiteilung beseitigen und alle Länder wieder in einer Hand vereinigen.

Noch ein weiteres Mal wurden die habsburgischen Länder geteilt, wobei auf die drei mittelalterlichen Einheiten zurückgegriffen wurde. Als Ferdinand I. (1503–1564) starb, teilte er die Länder unter seinen drei Söhnen auf. Gründe dafür waren, dass er selbst nur durch die Teilung der Länder, die Karl V. (1500–1558) ererbt hatte, zur Herrschaft gelangt war und – weitaus entscheidender – dass sein ältester Sohn Maximilian II. (1527–1576) zum Protestantismus neigte. So erhielt Maximilian II. nur Donauösterreich und wurde in Böhmen, in Ungarn und im Reich zum Herrscher gewählt, sein jüngerer Bruder Karl (1540–1590) erhielt Innerösterreich und der Liebling des Vaters, Ferdinand (1529–1595), Tirol und die Vorlande.

Als die Linie Maximilians II. trotz vieler Söhne ausstarb, erbte – ähnlich wie im Mittelalter – die innerösterreichische Linie mit Ferdinand II. (1578–1637) diesen Teil. Tirol und damit die Residenz in Innsbruck bzw. Ambras, wo Ferdinand von Tirol seine Kunstsammlung aufstellte, blieben bis zum Aussterben der jüngeren Tiroler Linie 1665 selbstständig. In der kulturell blühenden Residenz in Innsbruck erfreute sich, vor allem unter dem Einfluss der Frauen aus dem Geschlecht der Gonzaga in Mantua/Mantova, die italienische Oper großer Beliebtheit. Als Tirol mit der Hauptlinie vereinigt wurde, gründete Kaiser Leopold I. (1640–1705) in Innsbruck – gewissermaßen als Kompensation für den Verlust der Residenz – 1669 eine Universität.

23. Haben die Habsburger ihre Länder wirklich erheiratet?

Am Beginn der Neuzeit wurde das Gebiet der Herrschaft der Familie Habsburg durch drei aufeinanderfolgende Heiraten und den jeweils eintretenden Erbfall enorm vergrößert. Dies führte zu dem Klischee, dass die Habsburger ihr Reich erheiratet hätten.

Eheverbindungen und damit zusammenhängende Erbverträge spielen in Dynastien stets eine bedeutsame Rolle. Die Habsburger hatten um 1500 das Glück, dass in drei aufeinanderfolgenden Generationen solche Heiraten große Gebietsgewinne brachten. Der Spruch »Andere mögen Kriege führen, Du glückliches Österreich heirate« gilt allerdings nicht für die gesamte Zeit der Habsburgerherrschaft; außerdem war es mit dem Heiraten allein nicht getan. Man musste das Glück haben, dass andere Erben starben, musste das erworbene Land organisatorisch in den Griff bekommen und militärisch verteidigen. Mit dem Erwerb von Ländern wurden auch deren Feinde ererbt, was zu langwierigen Konflikten über Jahrhunderte führte.

1477 heiratete Maximilian I. (1459–1519) die reichste Erbin Europas (Benelux-Staaten und Gebiete in Frankreich), Maria von Burgund (1457–1482). Die Kinder aus dieser Ehe, Philipp der Schöne (1478–1506) und Margarete (1480–1530), wurden in einer Doppelhochzeit 1496 mit dem spanischen Infantenpaar Juan (1478–1497) und Juana (bei uns besser bekannt als Johanna die Wahnsinnige, 1479–1555) verheiratet. Da Juan jung starb, erbten die Habsburger Spanien mit seinen Nebenländern in Italien und den Kolonien in der Neuen Welt. Damit erlangte die Dynastie Weltgeltung, ohne es geplant zu haben – der Grund für die spanische Hochzeit war gewesen, dass sich die Mitgift durch die Doppelhochzeit aufhob, was dem stets in Finanznöten befindlichen Maximilian entgegenkam. Mit diesen Territorien erbten die Habsburger allerdings auch die Feindschaft Frankreichs, eine Tatsache, welche die europäische Politik drei Jahrhunderte lang prägen sollte.

Die dritte Hochzeit war mittelfristig für die Bildung der Habsburgermonarchie in Mitteleuropa entscheidend. 1515 trafen einander Maximilian und der König von Böhmen und Ungarn Wladislaw (1456–1516) aus dem polnischen Geschlecht der Jagiellonen und erneut wurde eine Doppelhochzeit vereinbart, die allerdings erst viel später, als die betroffenen Kinder heiratsfähig waren, vollzogen wurde: **Der Sohn des böhmisch-ungarischen Königs Ludwig (1506–1526) heiratete die Enkelin Maximilians,** Erzherzogin Maria (1505–1558), und einer seiner beiden Enkel (Karl oder Ferdinand) sollte Anna (1503–1547), die Schwester Ludwigs ehelichen. Erst 1521 trat Ferdinand (1503–1564), der jüngere Bruder, dem sein älterer Bruder Karl V. (1500–1558) in den Teilungsverträgen von Worms (1521) und Brüssel (1522) die österreichischen Länder abgetreten hatte, in den Vertrag mit der Jagiellonin Anna ein.

Auch hier spielte der Zufall bei den Erbansprüchen eine Rolle. Als der junge Ludwig II. in der Schlacht von Mohács gegen die Osmanen 1526 den Tod fand, pochte Ferdinand auf das Erbrecht. Die Stände allerdings beharrten auf dem Wahlrecht. In Böhmen wurde der Konflikt rasch zu Gunsten Ferdinands gelöst, während es in Ungarn 1527 zu einer Doppelwahl und einem Kampf zwischen den beiden rechtmäßig gewählten Königen Ferdinand und Jan Szapolyai (1487–1540) kam, in den sich dann auch die Osmanen einmengten. Resultat waren eine Dreiteilung Ungarns und ein über zwei Jahrhunderte dauernder Kampf mit dem Osmanischen Reich.

24. War Maximilian I. der Erfinder der politischen Propaganda?

Maximilian I. gilt als der erste Habsburger, der eine besondere Form der Überhöhung seiner Familie und eine Art politischer Propaganda entwickelt hat, obwohl bereits bei Rudolf IV. und Friedrich III. Ansätze einer solchen Selbststilisierung zu erkennen sind.

Maximilian I. (1459–1519) stilisierte sich selbst – durchaus zeitgemäß für das Zeitalter der Renaissance – mit autobiografischen Eigenproduktionen (an denen allerdings auch Marx Treitzsaurwein oder Melchior Pfintzing mitwirkten): Der *Theuerdank* und der *Weißkunig* berichten von seinen Taten. Beide Werke wurden von Renaissancekünstlern wie z. B. Hans Burgkmair dem Älteren illustriert.

Neben der Stilisierung seines eigenen Lebens waren auch die Beschäftigung mit Genealogie sowie die Erfindung von Ahnenreihen zur Herrschaftslegitimierung und Überhöhung des Erzhauses Ausdruck seiner propagandistischen Bestrebungen. Maximilians fiktive Genealogien der Dynastie griffen einerseits die bereits im Mittelalter verbreitete Theorie über die römische Herkunft der Familie – eine Verwandtschaft mit den stadtrömischen Patriziergeschlechtern Colonna oder Pierleoni – auf und versuchten andererseits eine Ansippung an die Merowinger und damit an die Sage von der trojanischen Herkunft der Franken, die sich von Priamus von Troja ableiteten.

Für die Betonung der herausragenden Stellung seiner Herrschaft waren auch grafische Werke wie der *Triumphzug* sowie Münzen und Medaillen von Bedeutung. Maximilian stilisierte sich auch als Führer der Christenheit. Der Georgskult, die Kreuzzugsidee oder der Besuch beim Heiligen Rock in Trier werden in Zusammenhang mit der Idee des Gottesgnadentums gesetzt.

Auch die langfristig wirksame Legende des »letzten Ritters« – Maximilian war mit der Förderung der Artillerie und der Landsknechte allerdings gerade auf militärischem Gebiet ein Neuerer – wurde vom Kaiser selbst in die Welt gesetzt. Er war ein begeisterter Turnierkämpfer und hat sich als solcher in einer anderen autobiografischen Schrift, dem *Freydal*, selbst gefeiert.

Eines der bekanntesten Werke der Propaganda Maximilians I. ist sein (leeres) Grabmal in der Innsbrucker Hofkirche, das seiner *memoria*, dem Andenken an ihn, dient. Dieses große Kunstwerk, das ihn im »Gestus der ewigen Anbetung« vor dem Kruzifix kniend zeigt, ist umgeben von den *schwarzen Mandern*, überlebensgroßen Figuren seiner fiktiven und realen Ahnen. In diesem Grabmal, das ein ausgeklügeltes ikonografisches Programm umsetzt, fließen die Elemente der Propaganda Maximilians zu einem Ganzen zusammen. Tatsächlich begraben ist Maximilian I. in Wiener Neustadt.

25. Welche Bedeutung hat die Schlacht von Mohács für die österreichische Geschichte?

Zwar nahmen die Österreicher an der Schlacht bei Mohács 1526 nicht teil, aber der Ausgang der Schlacht war entscheidend für die Geschichte Mitteleuropas, denn durch den Tod des böhmisch-ungarischen Königs und die Erbansprüche der Habsburger entstand ein Staat, die Habsburgermonarchie, der bis 1918 Bestand hatte.

Das Osmanische Reich hatte sich im Laufe des späten Mittelalters von einer kleinen Kernzelle in Anatolien aus nach Vorderasien, Nordafrika und auf dem Balkan ausgebreitet. Österreich war nur sehr indirekt betroffen; gelegentlich erreichten tatarische Streifscharen den Süden Österreichs, die allerdings nicht auf Eroberung, sondern nur auf Beutemachen ausgerichtet waren. Unter der Regierung des bedeutendsten Sultans des Osmanischen Reiches, Süleyman des Prächtigen (oder, wie er im Türkischen bezeichnet wird, Kanunî Sultan Süleyman, Süleyman der Gesetzgeber, (1494–1566) ging diese Expansion weiter. 1526 griff Süleyman Ungarn an und besiegte das Land in der Schlacht bei Mohács in Südungarn. Die Habsburger nahmen an der Schlacht nicht teil, doch der Ausgang der Schlacht, vor allem die Tatsache, dass König Ludwig II. (1506–1526) nicht vom Schlachtfeld zurückkehrte, veränderte die Situation in Mitteleuropa dramatisch.

Ferdinand I. (1503–1564) machte sein Erbrecht in Böhmen und Ungarn geltend. Die Stände beharrten auf dem Standpunkt, dass sie beim Aussterben einer Dynastie das Wahlrecht hatten. In Böhmen konnte man sich auf die Formel der Annahme (unter Vermeidung der Begriffe »wählen« und »erben«) einigen, in Ungarn kam es zu einer Doppelwahl. Sowohl Ferdinand als auch sein Gegenspieler Jan Szapolyai (1487–1540) wurden rechtmäßig gewählt und gekrönt. In die kämpferischen Auseinandersetzungen zwischen den beiden Parteien trat als dritte Kraft das Osmanische Reich ein, was letztendlich um 1540 zu einer Dreiteilung Ungarns führte: Die Habsburger beherrschten einen schmalen Streifen von der heutigen Slowakei (damals Oberungarn genannt) bis an die Adria, Szapolyai und seine Nachfolger regierten in Siebenbürgen (heute Rumänien) und das ungarische Zentralland wurde zu einer osmanischen Provinz.

26. Warum belagerten die Osmanen zweimal Wien?

Zweimal scheiterten die Osmanen an der Eroberung Wiens, 1529 und 1683. Vor allem das Jahr 1683 stellt einen Wendepunkt in der Politik auf dem Balkan dar, war es doch der Beginn der Eroberung ganz Ungarns durch die Habsburger.

Mit der versuchten Erwerbung Ungarns nach der Schlacht bei Mohács hatten die Habsburger auch die Feindschaft des Osmanischen Reiches geerbt. Der tatkräftige Sultan Süleyman (1494–1566) marschierte 1529 gegen Wien. Die Residenz der habsburgischen Kaiser hatte für die Osmanen eine besondere Bedeutung. Bei der Schwertumgürtung des neuen Sultans (entspricht etwa der Krönung im Westen) rief er den Janitscharen zu: »Beim Goldenen Apfel sehen wir uns wieder!« Dieser Goldene Apfel wurde mit Wien identifiziert, sodass der Eroberung der Stadt auch eine starke symbolische Bedeutung zukam.

Das osmanische Hauptheer unter dem Sultan konnte mit der Belagerung Wiens erst im September beginnen; die schwere Artillerie war nicht mitgekommen, weil die Flüsse bereits Hochwasser führten. Das rettete Wien, die Belagerung wurde abgebrochen und die Osmanen zogen ab. Als Süleyman 1532 erneut gegen Wien vorrückte, blieb er an der kleinen Festung Güns/Kőszeg in Ungarn hängen und Wien war erneut gerettet.

Viele Jahrzehnte später – mittlerweile war das Osmanische Reich nicht mehr so mächtig und gefährlich – versuchte der Großwesir Kara Mustafa (1634/35–1683) nochmals, Wien zu erobern. Vielleicht wollte er einen Triumph erreichen, den der größte Sultan Süleyman verfehlt hatte, und damit die Dynastie stürzen und selbst Sultan werden.

Während Wien in der ersten Belagerung durch die Osmanen für sich allein stand, war 1683 bei der zweiten Belagerung auf Vermittlung des Papstes Innozenz XI. (1611–1689) eine Heilige Liga entstanden, der auch Venedig und Polen angehörten. Die Belagerung verlief für die osmanischen Truppen zunächst recht erfolgreich, die Stadt schien im September sturmreif. Doch mittlerweile hatte sich ein Entsatzheer gebildet, das unter dem Befehl des Polenkönigs Jan Sobieski (1629–1696) und der Planung Karls V. von Lothringen (1643–1690) in der Schlacht auf dem Kahlenberg am 12. September 1683 die Osmanen besiegte und zum Abzug zwang.

Im Gegensatz zur ersten Belagerung begann nun ein expansiver Krieg des Kaisers gegen das Osmanische Reich, der letztlich mit der Eroberung ganz Ungarns endete. Bei dieser Gelegenheit spielte Prinz Eugen von Savoyen (1663–1736) als großer Feldherr eine herausragende Rolle. Obwohl er viele Jahre gegen Frankreich kämpfte, prägten die Jahre des Kampfes am Balkan sein Bild als »Türkensieger« nachdrücklich.

27. Welche Ursachen hatten die Kriege mit Frankreich?

In den Kriegen vom 17. bis ins 19. Jahrhundert waren – mit wenigen Ausnahmen – Frankreich und die Habsburger immer Gegner. Das führte dazu, dass die Habsburger meist mit England, einem anderen Dauergegner der Franzosen, verbündet waren.

Die Erwerbung Burgunds und kurz danach Spaniens durch die Familie Habsburg hieß für Frankreich, dass es rundum von habsburgischen Territorien eingeschlossen war. Daher entwickelte sich eine »Erbfeindschaft« zwischen den beiden Dynastien, die auch von anderen Faktoren bestimmt war. Unter Maximilian I. (1459–1519) und vor allem seinem Enkel Karl V. (1500–1558) kämpften die Franzosen gegen die Habsburger in und um Italien. Karl V. strebte die Hegemonie in Europa an und versuchte seine Vormachtstellung gegenüber Frankreich durchzusetzen.

Eine ähnliche Situation entstand im 17. Jahrhundert mit umgekehrten Vorzeichen. Unter Ludwig XIV. dem Sonnenkönig (1638–1715) strebte nun Frankreich die Hegemonie an und wieder war einer der Hauptgegner die Habsburgermonarchie und das habsburgische Spanien. Da Frankreich auch in der Kolonialpolitik (Amerika, Indien) engagiert war, stand es im Gegensatz zu Großbritannien. Daher waren die katholischen Habsburger meist mit dem »ketzerischen« England gegen den »allerchristlichsten König« von Frankreich verbündet. Die ständigen Konflikte mit Frankreich hinderten die Habsburger lange Zeit daran, offensiv gegen die Osmanen vorzugehen, weil sie einen Zweifrontenkrieg fürchteten.

Besonders in den Kriegen des 18. Jahrhunderts – Spanischer Erbfolgekrieg, Polnischer Thronfolgekrieg, Österreichischer Erbfolgekrieg – waren die Konflikte mit Frankreich dominant. Erst ein Bündnis Preußens mit England nach dem Österreichischen Erbfolgekrieg und der unbedingte Wille Maria Theresias (1717–1780), Schlesien, das die Preußen erobert hatten, zurückzugewinnen, führte zu einer Umkehr der Bündnisse (*renversement des alliances*) und die Habsburgermonarchie ging als Bundesgenosse der Franzosen in den Siebenjährigen Krieg. Nach der Französischen Revolution war zunächst das revolutionäre, dann das napoleonische Frankreich wieder ein Hauptgegner der Habsburgermonarchie.

28. Auf Grund welcher Rechtsbasis kämpften die Habsburger um das spanische Erbe?

Rechtlich begründeten die Position Frankreichs und jene der österreichischen Habsburger beim Aussterben der spanischen Habsburger eine Pattstellung, aber der Spanische Erbfolgekrieg und der frühe Tod Josefs I. entschieden diese Frage zugunsten einer Teilung des Besitzes.

Am Beginn des 16. Jahrhunderts waren zwei Linien der Habsburger entstanden: Karl V. (1500–1558) beherrschte als spanischer König Carlos I. die Iberische Halbinsel und deren Besitzungen in Europa und Übersee, sein jüngerer Bruder Ferdinand I. (1503–1564) zunächst die österreichischen Länder und dann nach 1526 auch Böhmen und zumindest teilweise Ungarn.

Die spanische Linie war anfänglich mächtiger und durch die Gold- und Silberimporte aus der Neuen Welt reicher. Das änderte sich im Laufe des 17. Jahrhunderts zugunsten der Donaumonarchie. Der letzte spanische Habsburger, Karl II. (1661–1700), war schwächlich und krank, ein degeneriertes Produkt der vielen Verwandtschaftsehen – alle spanischen Habsburger hatten habsburgische Väter und Mütter –, und schon zu seinen Lebzeiten gab es Spekulationen, was nach seinem Tod und dem damit einhergehenden Aussterben der spanischen Linie geschehen sollte.

Kurz bevor Karl II. starb, gelang es seinem Beichtvater, der die französische Politik förderte, ihn dazu zu bewegen, den Enkel Ludwigs XIV. (1638–1715), Philipp von Anjou (1683–1746), als Erben einzusetzen. Auch genealogisch konnte dieses französische Erbe begründet werden, da der Sonnenkönig mit der älteren spanischen Infantin, Maria Theresia (einer Schwester Karls II., 1638–1683), verheiratet war. Allerdings hatte diese wie üblich auf ihr Erbfolgerecht verzichtet.

Kaiser Leopold I. (1640–1705) hatte ebenfalls eine Schwester Karls II. geheiratet, die jüngere Infantin Margarita Theresa (1651–1673), die allerdings nicht auf ihr Erbrecht verzichtet hatte. Leopold stellte sich nun beim Tod Karls II. auf den Standpunkt, dass seine (jüngere) Linie des Hauses Habsburg nach dem Aussterben der älteren spanischen Linie erbberechtigt sei, seine Ehe mit der spanischen Infantin bildete ein zusätzliches Argument.

Die Frage wurde aber nicht auf rechtlicher Ebene gelöst, sondern in einem von 1701 bis 1714 dauernden Krieg, dem Spanischen Erbfolgekrieg. Leopold hatte zwei Söhne. Die Idee war, dass der ältere Josef (später als Kaiser Josef I., 1678–1711) in der Donaumonarchie und der jüngere Karl (später als Kaiser Karl VI., 1685–1740) in Spanien herrschen sollten. Der Plan wurde von Großbritannien unterstützt, das eine Vormachtstellung Frankreichs in Europa fürchtete, scheiterte aber letztlich am frühen Tod Josefs I. 1711, wodurch Karl, der letzte männliche Habsburger, Spanien und die Habsburgermonarchie in Mitteleuropa vereint hätte und damit von ihm die Gefahr einer hegemonialen Stellung ausging.

So wurde Philipp von Anjou als Philipp V. König in Spanien und seinen überseeischen Besitzungen, und Karl – der bis zu seinem Tod hartnäckig den Titel eines spanischen Königs beanspruchte – musste sich mit den europäischen Besitzungen Spaniens (in Italien und dem heutigen Belgien) begnügen.

29. Was bestimmte die Pragmatische Sanktion und welche Folgen hatte sie?

Die Pragmatische Sanktion 1713 war ein Hausgesetz der Familie Habsburg, das die Erbfolge regelte. Es kam zunächst Maria Theresia als weiblicher Nachfolgerin des Herrschers zugute, bildete aber auch weiterhin ein Grundgesetz der Donaumonarchie.

Während des Spanischen Erbfolgekrieges war 1703 ein Geheimdokument verfasst worden, das *Pactum mutuae successionis* (Vertrag über die gegenseitige Nachfolge), das eine Regelung über das Erbrecht der beiden zu erwartenden Linien sowie das Erbrecht nach dem letzten Herrschaftsinhaber in der Donaumonarchie festlegte.

Aus einem Rangkonflikt entstand zehn Jahre später eines der zentralen Dokumente der Monarchie, allerdings nicht – wie man häufig lesen kann – für Maria Theresia (1717–1780), die erst vier Jahre später geboren wurde. 1713 versammelte Karl VI. (1685–1740) seine Geheimen Räte und Minister. Zunächst wurde das *Pactum mutuae successionis* vorgelesen, dann gab der Kaiser eine Erklärung ab, die notariell beglaubigt wurde und als Pragmatische Sanktion bezeichnet wird.

Der erste Punkt bestimmte, dass die Besitzungen Karls VI. ungeteilt bleiben sollten; daraus wurde später die oft zitierte Formel »unteilbar und untrennbar« (*indivisibiliter ac inseparabiliter*). Erstmals wurde damit 1713 – wohl bedingt durch das Trauma Karls mit der Teilung der spanischen Besitzungen – der Gesamtstaat als Einheit festgeschrieben.

Der zweite Teil der Erklärung betraf die Erbfolge. Die Nachfolgeordnung schloss auch die leopoldinische Linie, also die Töchter von Karls Vater, Leopold I. (1640–1705), mit ein. Da Karl VI. der letzte männliche Nachkomme der Familie war, legte er für die Zukunft alle möglichen Formen der Nachfolge fest. Sollte er einen Sohn haben, war dieser klarerweise der Erbe. Für die weibliche Erbfolge veränderte er allerdings die übliche Rangordnung innerhalb einer Familie, bei welcher die älteste Linie (in diesem Fall die Töchter Leopolds) bevorzugt wurde. Die zu erwartende Linie Karls trat nun im Frauenstamm vor die älteren Linien Josefs und Leopolds.

Als im Laufe der Zeit immer klarer wurde, dass er keine männlichen Nachfolger haben würde, bemühte sich Karl VI. um eine Anerkennung dieses Vertrages im Inneren durch die einzelnen Länder und im Äußeren durch die wichtigsten Mächte in Europa – was ihm auch gelang. Der Vorteil der Pragmatischen Sanktion war, dass durch sie ein einheitliches Thronfolgerecht für die Monarchie geschaffen wurde. Doch auch ein anderer Aspekt ist wichtig: Da es in den einzelnen Ländern der Monarchie unterschiedliche Erbrechte – vor allem in Bezug auf eine weibliche Erbfolge – gab, hätte die Nichtanerkennung der Pragmatischen Sanktion letztlich sogar zu einer Aufsplitterung der Monarchie führen können, wie sie sich am Beginn des Österreichischen Erbfolgekrieges 1740 ja auch andeutete. Die Zustimmung der Länder und ihrer Vertreter gab dem Vertrag auch in der internationalen Politik mehr Gewicht.

30. Sind die Habsburger ausgestorben?

Diese Frage kann mit einem klaren Ja beantwortet werden, da im alten Recht nur der Mannesstamm zählte. Dieser war mit dem Tod Karls VI. 1740 erloschen.

Der Definition und der Rechtssituation der Zeit nach, in denen nur der Mannesstamm einer Familie zählte, waren die Habsburger mit dem Tod Kaiser Karls VI. (1685–1740) am 20. Oktober 1740 ausgestorben. Die neue Familie, die Maria Theresia (1717–1780) mit ihrem

Mann Herzog Franz Stephan von Lothringen (als Kaiser Franz I., 1708–1765) begründete, hätte den Regeln des Adelsrechts nach Lothringen heißen müssen, eventuell hätte noch der Name der erloschenen Familie daran angehängt werden und die Familie sich Lothringen-Habsburg nennen können. Dass die Familie Habsburg-Lothringen genannt wurde, hängt mit der Wahrung der Tradition zusammen, da diese Dynastie schon seit vier Jahrhunderten in Österreich herrschte.

Die Familie, die durch die große Zahl der Kinder Maria Theresias und mehr noch ihres Sohnes Leopolds II. (1747–1792) anwuchs und heute angeblich über 500 Mitglieder zählt, wird unter Weglassung des Zusatzes Lothringen häufig allerdings schlicht »Habsburg« genannt. Wer wissenschaftlich genauer ist, spricht oft von den Althabsburgern und später von der Familie Habsburg-Lothringen.

31. Gab es einen Absolutismus in Österreich?

Der Absolutismus in der Habsburgermonarchie im 17. und 18. Jahrhundert war im Vergleich zu Frankreich nicht voll ausgeprägt, hat aber deutliche kulturelle Spuren in Österreich und besonders in der Residenzstadt Wien hinterlassen.

In der modernen Forschung ist der Begriff des Absolutismus generell umstritten. Nicht einmal der französische Absolutismus unter Ludwig XIV. (1638–1715) erfüllt die naive Vorstellung, dass der König allein alles entscheiden kann.

Der Absolutismus in der Habsburgermonarchie war noch weiter weg von diesen Vorstellungen. Zwar hatten mehrere Schritte zu einer Konzentration der Macht in der Dynastie geführt – allen voran der Sieg gegen die »protestantischen Rebellen« in der Schlacht am Weißen Berg 1620 und die Aufstellung eines stehenden Heeres nach dem Dreißigjährigen Krieg –, aber dennoch waren andere Kräfte neben dem Herrscher von Bedeutung. Das trifft vor allem auf die Kirche zu, die gemeinsam mit dem Herrscher in der Gegenreformation siegreich war und die Disziplinierung der Bevölkerung mit der staatlichen Obrigkeit gemeinsam durchsetzte.

Man spricht für Österreich oft von einem konfessionellen Absolutismus, der sich dann im 18. Jahrhundert in einen aufgeklärten Absolutismus verwandelte. Die barocken Herrscher Ferdinand II. (1578–1637), Ferdinand III. (1608–1657), Leopold I. (1640–1705), Josef I. (1678–1711) und Karl VI. (1685–1740) übten allerdings in ihren unterschiedlichen Funktionen unterschiedliche Formen der Macht aus. Während die böhmisch-österreichischen Kernländer völlig rekatholisiert waren und relativ absolutistisch regiert werden konnten, war die Macht der Habsburger im Reich und in Ungarn sehr eingeschränkt.

Eine ganze Reihe anderer Phänomene, die für den Absolutismus typisch sind, finden sich auch in Österreich: die ständigen Kabinettskriege, die von den Herrschern geführt werden, die Zurückdrängung des ständischen Adels, der zum Teil auch des wichtigsten Druckmittels, des Steuerbewilligungsrechts, beraubt wird, und die große Repräsentation, die ein grundlegendes Element der Herrschaftssicherung war.

Der Herrscher musste in der Repräsentation einerseits dem Adel der höfischen Gesellschaft voran sein und andererseits mit den politischen Gegnern in Europa konkurrieren. Die Auseinandersetzungen mit Frankreich fanden nicht nur auf den Schlachtfeldern, sondern auch bei den höfischen Festen, im Palastbau und in der Pflege der Künste und Wissenschaften statt. Die Residenzen der Habsburger wie z. B. Schönbrunn standen in Konkurrenz zu Versailles und jedes Fest wurde in einer aufwendigen Beschreibung hinausposaunt, um klar zu machen, dass man es mit dem Sonnenkönig kulturell durchaus aufnehmen konnte.

Die für den Absolutismus charakteristische höfische Gesellschaft hat vor allem die Residenzstadt Wien verändert. Schon im 17. Jahrhundert entstanden Paläste des Adels in der Innenstadt, nach 1683 wurden vom Adel in den Vorstädten Paläste und Gärten errichtet, die das Bild der Stadt bis ins 19. Jahrhundert prägten.

32. Was bedeutet der »Raub Schlesiens« für die Habsburgermonarchie?

Der »Überfall« des Preußenkönigs Friedrich auf Schlesien führte nicht nur zum Verlust dieser reichen Provinz, sondern auch zum Beginn des Österreichischen Erbfolgekrieges.

Als Karl VI. (1685–1740) 1740 starb, schien die Herrschaftsübernahme durch seine Tochter Maria Theresia (1717–1780), abgesichert durch die Pragmatische Sanktion, zunächst ohne Probleme vonstatten zu gehen. Zwar stellten Sachsen und Bayern – beide Herrscher waren mit Töchtern Josefs I. (1678–1711) verheiratet – Ansprüche und Frankreich spekulierte ebenfalls auf die Schwäche der Habsburger, aber es kam nicht sofort zu einem Konflikt.

Ganz anders reagierte der junge, eben erst an die Macht gekommene Herrscher von Preußen, Friedrich der Große (1712–1786), der die Situation nützte, um – auf alte Rechtsansprüche pochend – den Großteil der habsburgischen Provinz Schlesien zu fordern. Er machte Maria Theresia den Vorschlag, ihm Schlesien abzutreten, dafür würde er ein Bündnis mit ihr eingehen. Die junge Herrscherin konnte dieses Angebot nicht akzeptieren, ohne den Verlust ihrer Großmachtstellung aufs Spiel zu setzen. So marschierten die Preußen in Schlesien ein und besetzten relativ friedlich das Land, das weitgehend von deutschsprachigen Protestanten besiedelt war. Dieser Erste Schlesische Krieg war kurz und endete mit der Niederlage der Habsburgermonarchie und der Abtretung Schlesiens an Preußen.

Motiviert durch die Schwächung der Habsburgermonarchie, griffen nun auch die anderen Konfliktgegner ein und der Österreichische Erbfolgekrieg begann. Preußen war zunächst nicht mehr beteiligt, erst als die Truppen Maria Theresias erfolgreich waren, sicherte sich Friedrich im Zweiten Schlesischen Krieg 1744–1745 seine Eroberung.

Für Maria Theresia bedeutete dieser Gebietsverlust emotional sehr viel und sie kämpfte im Siebenjährigen Krieg noch einmal – vergeblich – um diesen Besitz. Auch wirtschaftliche Motive spielten in diesem Zusammenhang eine große Rolle, denn Schlesien war ein sehr entwickeltes Gebiet der Monarchie gewesen. Den Verlust konnten auch die späteren Gebietszugewinne im Zusammenhang mit der Ersten Polnischen Teilung (zunächst 1772 Galizien-Lodomerien, dann 1775 die Bukowina) nicht kompensieren.

Bei aller Ablehnung des Preußenkönigs, den Maria Theresia als »Monster« bezeichnete, war Preußen aber auch ein Vorbild für die Reformen der Monarchie, die sich daran orientierten, dass Preußen mehr Steuern aus Schlesien einnahm, als es die Habsburgermonarchie zuvor geschafft hatte. Damit wurde die Staatsreform ins Rollen gebracht, die zu einer Modernisierung der Monarchie führte.

33. Seit wann gibt es in Österreich die Schulpflicht?

Man könnte mit Recht behaupten, dass Maria Theresia in Österreich keine Schulpflicht einführte, verfügte sie doch 1774 eine allgemeine Unterrichtspflicht. In der Realität war das aber die Einführung der Schulpflicht für alle Kinder zwischen sechs und zwölf Jahren.

Eine der Forderungen der Aufklärung war eine Verstärkung der allgemeinen Bildung, die im Trend der Zeit lag. Viele Staaten in Europa haben in dieser Zeit ihr Bildungssystem erneuert bzw. geschaffen. In der Habsburgermonarchie war die schulische Bildung vor allem durch kirchliche oder städtische Schulen, die nicht kostenlos waren, monopolisiert. Die Neuerung Maria Theresias bestand in der Säkularisierung und Verstaatlichung des Schulwesens. Allerdings wurde nicht – wie man immer wieder hört – die allgemeine Schulpflicht eingeführt, sondern eine allgemeine Unterrichtspflicht, was es der adeligen und zum Teil bürgerlichen Oberschicht ermöglichte, ihre Kinder durch Privatlehrer ausbilden zu lassen.

Schon 1760 wurde eine staatliche Zentralbehörde, die »Studien- und Bücher-Zensur-Hofcommission« geschaffen, die diese Reform plante. Es sollten Trivialschulen (entspricht den heutigen Volksschulen), Hauptschulen und Normalschulen (für die Lehrerausbildung) eingerichtet werden. Maria Theresia holte für diese Aufgabe einen Spezialisten aus Preußen, den mit dem Gedankengut der Aufklärung verbundenen Augustiner-Chorherren-Abt von Sagan/Żagań Johann Ignaz von Felbiger (1724–1788). Er arbeitete die »Allgemeine

Schulordnung« (1774) aus, ein Gesetz, das die allgemeine Unterrichtspflicht für alle Kinder zwischen sechs und zwölf Jahren vorsah, und lieferte auch ein Methodenbuch dazu. Bis zum Tod Maria Theresias wurden 500 Trivialschulen errichtet.

Eingebettet war diese Bildungsreform in einen großen Komplex von Maßnahmen zur Modernisierung der Monarchie in der Verwaltung, der Rechtsprechung und der höheren Bildung. Nicht nur die Reform der Universität Wien, insbesondere der medizinischen Ausbildung durch den niederländischen Leibarzt Maria Theresias, Gerard van Swieten (1700–1772), fällt in diese Zeit, auch viele Spezialinstitutionen für Kunst, Tiermedizin, Bergbau, Diplomaten und Militär entstanden in dieser Zeit. Die Militärakademie in Wiener Neustadt besteht noch heute, andere Universitäten (z. B. die Montanuniversität in Leoben) und Ausbildungsgänge (Diplomatische Akademie) blicken auf Vorläufer im 18. Jahrhundert zurück.

Die Frage, ob diese Reformen im Sinne der Aufklärung waren, ist schwer zu beantworten. Bei zwei zentralen Themen – der Aufhebung der Folter sowie der religiösen Toleranz – war Maria Theresia jedenfalls nicht »aufgeklärt«; die Aufhebung der Folter erfolgte erst spät unter dem Einfluss ihres Sohnes, der auch die religiöse Toleranz durchsetzte.

34. Was versteht man unter Josephinismus?

Die Reformen Kaiser Josephs II. auf dem Gebiet der Religion gingen nicht ohne Widerstand ab. Die Toleranz für Protestanten, Juden und Orthodoxe, vor allem aber die großen Eingriffe in die barocke Frömmigkeit, erregten die Gemüter und insbesondere die katholische Kirche.

Joseph II. (1741–1790) hat in den kurzen zehn Jahren seiner Alleinregierung viele Reformen auf verschiedenen Gebieten durchgeführt. Ob alle diese Maßnahmen mit dem Begriff »Josephinismus« charakterisiert werden können, ist umstritten. Im engeren Sinne bezieht sich dieses Wort auf die Reformen, die mit Religion, und im ganz engsten Sinn auf jene, die mit der katholischen Religion zu tun haben.

Hervorzuheben sind dabei einerseits die Toleranzpatente für Protestanten (Lutheraner und Calviner), Juden und Griechisch-Orthodoxe, die nicht nur aufgeklärte Forderungen durchsetzten, sondern auch dem Gedanken der Nützlichkeit folgten. Sowohl die protestantischen Investoren und Facharbeiter als auch die griechischen Händler und jüdischen Geldgeber – um es sehr vereinfacht auszudrücken – waren dem Staat aus praktischen Gründen nützlich.

Der sensibelste Teil seiner Reformtätigkeit, der den Kern des Josephinismus darstellt, waren die Eingriffe des Kaisers im Bereich der katholischen Kirche. Was das Volk am meisten betraf und auch lokal zu Protesten führte, war die Zurückdrängung der Elemente des Barockkatholizismus. Barocke Gnadenbilder wurden entkleidet, Tausende Votivbilder vernichtet, Prozessionen und die Reliquienverehrung eingeschränkt, die Zahl der Messen in den Kirchen vermindert, die Anzahl der Kerzen, die verwendet werden durften, reduziert und so weiter.

Auch in sozialer Hinsicht fielen Reformen ins Gewicht, die mit der Arbeitssituation der Menschen zu tun hatten. Die Reduktion der Feiertage, die schon unter Maria Theresia begonnen hatte, vermehrte die reale Arbeitszeit der Bevölkerung, und die Abschaffung der Wallfahrten, die mehr als einen Tag dauerten, war ebenfalls eine Vermehrung der Arbeitszeit, da Wallfahrten ja neben dem religiösen Aspekt durchaus auch unterhaltsame Züge aufwiesen. All das war ein Grund für einfache Menschen, die Reform als schlimm zu empfinden.

Auch an den großen Strukturen der Kirche änderte Joseph einiges. Er führte eine Diözesanregulierung durch, mit dem Ziel, die Diözesanzentren in seinem eigenen Land zu haben (Wien, St. Pölten und Linz lösten die Großdiözese Passau ab) und die Grenzen der Diözesen mit denen der Kronländer in Übereinstimmung zu bringen. Auf deutlich mehr Widerstand in der katholischen Kirche stießen die Klosteraufhebungen, der etwa 700 geistliche Häuser zum Opfer fielen, deren Besitzungen in einen Religionsfonds gelangten, durch den etwa 3000 Pfarrgründungen finanziert werden konnten. Diese Pfarren mit staatlich ausgebildeten Geistlichen (»Beamte im schwarzen Rock«) hatten auch Aufgaben der Verwaltung zu erfüllen, wie etwa die Führung der Tauf-, Heirats- und Sterbematrikeln oder die Armenfürsorge.

Diese Maßnahmen lösten bei den konservativen Klerikern und vor allem in Rom große Aufregung aus und 1782 kam sogar Papst Pius VI. (1717–1799) nach Wien, musste aber erfolglos wieder abreisen.

35. Was ist die Jakobinerverschwörung?

Die Anhänger der Französischen Revolution, die Jakobiner, in der Habsburgermonarchie blieben zwar ohne unmittelbare politische Wirkung, sind aber von einer nicht zu unterschätzenden ideengeschichtlichen Bedeutung für die demokratische Entwicklung in Mitteleuropa.

Die Französische Revolution von 1789 war zweifellos ein epochemachendes Ereignis, das Auswirkungen auf ganz Europa hatte. Schon vor der Revolution in Frankreich hatte es einzelne Intellektuelle in der Habsburgermonarchie gegeben, die moderne politische Vorstellungen hegten und im Sinne der Aufklärung eine Gewaltenteilung und eine Verfassung anstrebten. Die Nachrichten von der Französischen Revolution stießen vor allem bei den Intellektuellen in Deutschland und der Habsburgermonarchie auf Resonanz. Die Anhänger einer kleinen Gruppe unter ihnen, die das radikale Gedankengut der Französischen Revolution aufnahmen und auf ihre eigenen Länder anwenden wollten, werden – nach der politischen Gruppe in Frankreich rund um Maximilien de Robespierre (1758–1794) – Jakobiner genannt.

Sie entwickelten als Erste in der Habsburgermonarchie republikanische Ideen. Die Jakobiner in der Habsburgermonarchie bildeten allerdings keine große, flächendeckende Bewegung oder gar eine zusammenhängende Verschwörung – auch wenn eine solche von der staatlichen Verfolgung konstruiert wurde –, sondern waren lokal isoliert. Jakobiner fanden sich – Polizeiquellen zufolge – in Wien, Ungarn, Kärnten, Krain, der Steiermark, Oberösterreich, Tirol und Vorarlberg. In Wien gab es mehrere locker miteinander verbundene Gruppen, deren Zentrum Baron Andreas Riedel (1748–1837) und Franz Hebenstreit (1747–1795) waren. Letzterer vertrat in seinem lateinischen (!) Lehrgedicht *Homo hominibus* die Auffassung, die

Gesellschaft müsse die soziale Ungleichheit überwinden. Aufgrund des ausgeklügelten Polizeisystems in Österreich konnten die Jakobiner nur wenig Wirkung entfalten. Es fehlte ihnen vor allem jegliche Rückbindung an die sozialen Unterschichten, die in der Zeit nach der Französischen Revolution ihren Unwillen in zahlreichen Protestbewegungen artikulierten.

Fast zeitgleich mit dem Sturz Robespierres, des radikalen Führers des jakobinischen Terrors in Paris, kam es zu einer Welle von Verhaftungen von Jakobinern in der Monarchie. Strenge Strafen, viele Todesurteile und langjährige Kerkerstrafen, wurden verhängt. In Wien wurde Franz Hebenstreit hingerichtet, seine letzten Worte waren: »Solventur vincula populi« (Die Fesseln des Volkes sollen gelöst werden). In Ungarn wurden auf der Blutwiese in Ofen 18 Jakobiner hingerichtet, viele andere zu langen Kerkerstrafen verurteilt.

Die Jakobiner zeitigten keine längerfristigen Wirkungen, dennoch sind sie Symbolgestalten für die Geschichte der demokratischen Entwicklung in der Habsburgermonarchie und werden bis heute zu wenig gekannt und geschätzt.

36. Was machte Napoleon in Wien?

Zweimal wurde Wien in den Auseinandersetzungen mit Frankreich im napoleonischen Zeitalter eingenommen und zweimal residierte Napoleon kurz in Wien.

Die dominierende Gestalt um 1800 in Europa war Napoleon Bonaparte (1769–1821). Der Aufstieg des kleinadeligen Korsen vollzog sich vor dem Hintergrund der Französischen Revolution und ihrer Folgen. In den ständigen Kriegen Frankreichs mit anderen europäischen Staaten profilierte sich Napoleon als bedeutendster Feldherr seiner Zeit. Seine kometenhafte militärische Karriere war aber auch mit politischen Ambitionen verbunden, die letztlich zur Kaiserkrönung 1804 führten. Kaiser Franz II. (1768–1835), der wiederholt in Kriegen mit Frankreich stand, reagierte darauf 1804 mit der Ausrufung des Kaisertums Österreich und zwei Jahre später mit der Auflösung des Heiligen Römischen Reiches (1806).

1805 trat Österreich einem Bündnis mit Schweden, Russland und Großbritannien bei, worauf Frankreich ihm den Krieg erklärte. Nach einem Sieg bei Ulm marschierten die Franzosen auf Wien zu und zogen am 13. November in der Haupt- und Residenzstadt ein. Napoleon bezog am nächsten Tag Quartier in Schloss Schönbrunn. Nach einer neuerlichen Niederlage der Habsburger bei Austerlitz/Slavkov wurde Frieden geschlossen und Napoleon verließ Wien.

Weitaus dramatischer verlief der zweite Aufenthalt Napoleons in Wien 1809, denn davor wurde die Stadt beschossen und schließlich erobert. Napoleon residierte fast fünf Monate in Schönbrunn und feierte hier seinen 40. Geburtstag. In der Nähe von Wien, in Aspern, erlitt Napoleon gegen den habsburgischen Erzherzog Karl (1771–1847) dann seine erste Niederlage, die für den Verlauf des Feldzuges militärisch allerdings bedeutungslos war. 1809 wurden auch – wie sonst überall in Europa – Kunstgegenstände, Bibliotheksbestände und Archivmaterialien beschlagnahmt, die zwar weitgehend, aber nicht ganz vollständig nach 1815 wieder rückerstattet wurden.

Die Demütigung des österreichischen Kaisers durch Napoleon führte zur Eheschließung zwischen dessen Tochter Marie Louise (1791–1847) und dem französischen Kaiser, mit der Franz die Hoffnung auf ein besseres Verhältnis zu Frankreich verband. Napoleon erhoffte sich durch die Verschwägerung mit einer alten Dynastie eine Legitimierung seines Herrschaftsanspruches.

37. Tanzte der Wiener Kongress wirklich nur?

Das Bild des tanzenden Kongresses ist weit verbreitet, entspricht aber nur zum Teil der Realität, denn der Wiener Kongress schuf mit modernen Mitteln eine langfristig wirksame Neuordnung Europas.

Der Ausspruch des Fürsten Charles Joseph de Ligne (1735–1814) prägt bis heute das populäre Bild des Wiener Kongresses. Er schrieb: »Der Kongress tanzt, aber er kommt nicht vorwärts.« Damit wird allerdings die Bedeutung des Wiener Kongresses nicht erfasst.

Fast ein Vierteljahrhundert herrschte in Europa Krieg. In unterschiedlichen Bündnissen der europäischen Mächte wurde zunächst das revolutionäre, dann das napoleonische Frankreich bekämpft, der Tod von Millionen Menschen und das Elend der Bevölkerung waren die Folge. Die Sehnsucht nach Frieden war groß. 1814 war es endlich so weit, Napoleon war besiegt, der große Friedenskongress in Wien konnte beginnen. Der gemeinsame Gegner Napoleon hatte die europäischen Mächte geeint, beim Wiener Kongress verfolgten sie aber durchaus ihre eigenen Interessen. Es kam zu tief greifenden Konflikten zwischen den Großmächten, die auch die Rituale des Friedens und die Allegorien der Macht der Sieger nicht ganz überdecken konnten.

Der Wiener Kongress ist in der Reihe der großen Friedenskongresse der Neuzeit ein entscheidendes Ereignis. Im Großen gesehen baute Europa politisch bis zum Ende des Ersten Weltkriegs auf der Friedensordnung von 1815 auf. Aus Sicht der Gegenwart wird die politische Seite dieses auch im Ablauf modernen Kongresses – verhandelt wurde in Ausschüssen, eine formelle Vollversammlung gab es erst bei der Vertragsunterzeichnung – kaum gewürdigt, aber auf vielen Gebieten wurden einschneidende Veränderungen vorgenommen: Neue Grenzen in Europa und neue Bündnisse wie die »Heilige Allianz« entstanden, neue Regelungen wie z. B. in der Sklavenfrage oder der internationalen Flussschifffahrt schufen Bleibendes.

Die dominierende Persönlichkeit des Kongresses war zweifellos der österreichische Staatskanzler Wenzel Lothar Fürst Metternich (1773–1859), der »Kutscher Europas«. Die Big Player, wie man heute sagen würde, waren der russische Zar Alexander I. (1777–1825), der britische Außenminister Robert Stewart Viscount Castlereagh (1769–1822) und der französische Außenminister Charles-Maurice de Talleyrand-Périgord (1754–1838). Doch gesellschaftlich interessanter waren die zweite und dritte Garnitur der europäischen Fürsten und der Hocharistokratie. Ihre Unterhaltungen gaben dem Kongress seinen Ruf als Vergnügungsveranstaltung und sie bildeten auch das Publikum der kulturellen Blüte, die sich bei dieser Gelegenheit manifestierte.

Nicht der politische Aspekt charakterisiert den Wiener Kongress in der Betrachtung der späteren Zeit, sondern das Image des »tanzenden Kongresses«. Da die meisten in Wien anwesenden

Monarchen und Politiker wenig Einfluss auf das politische Geschehen hatten, musste man sie unterhalten und ablenken. Bälle, Konzerte, Ausritte und amouröse Abenteuer erfreuten die Besucher. Der Walzer trat seinen Siegeszug an und Beethoven komponierte Musik, die mit der Politik der Zeit zu tun hatte. Die Stadt Wien erlebte einen ihrer kulturellen Höhepunkte, wurde im internationalen Rahmen verstärkt wahrgenommen.

38. Wie verlief die Revolution des Jahres 1848?

Der Aufstand gegen die Unterdrückung durch das »System Metternich« begann im März 1848 in Wien und endete für die Revolutionäre im Oktober dramatisch. Viele Todesurteile standen am Beginn der Regierung des neuen Herrschers Franz Joseph.

Alles begann in Paris. Die Februarrevolution beseitigte die Herrschaft des »Bürgerkönigs« Louis Philippe d'Orléans (1773–1850). Die Nachricht davon löste in Deutschland eine Welle kleiner Revolutionen aus und ließ auch die Habsburgermonarchie nicht ungeschoren. Die Bürger und Intellektuellen waren mit dem repressiven System Metternich unzufrieden, die Arbeiter und Bauern waren mit gravierenden sozialen Problemen beschäftigt und auch in Ungarn war man mit der habsburgischen Herrschaft nicht glücklich. So kam es zur Revolution der Jahre 1848/49, die einen Schwerpunkt in Wien und einen anderen in Ungarn hatte. In Wien demonstrierten am 13. März die Studenten und das Bürgertum für mehr Rechte. Kernforderungen waren eine »Constitution« und »Pressfreiheit«, also die Umwandlung der absoluten in eine konstitutionelle Monarchie und das Ende des Systems Metternich, das jede freie Meinungsäußerung brutal unterdrückte. Auch die Ungarn verlangten mehr Rechte, vor allem die Selbstverwaltung auf Komitatsebene.

Die Revolution, die durch die Unruhen der Arbeiter in den Vorstädten die Ängste der herrschenden Klasse verstärkte, war schnell erfolgreich, allerdings war die am 25. April 1848 verkündete Verfassung (Pillersdorfsche Verfassung) den Studenten und Arbeitern nicht ausreichend, sodass die Bewegung weiterging und nach weiteren Schritten schließlich im Herbst in Wien kulminierte. Die Stadt befand sich in den Händen der Truppen der studentischen Legion und der Mobilgarden der Arbeiter, die Bürger waren aus der Revolution ausgeschieden. Doch inzwischen hatten sich die konterrevolutionären Kräfte organisiert und die loyale Armee unter Alfred Fürst Windisch-Graetz (1787–1862) und dem kroatischen Banus Joseph Jelačić (1801–1859) belagerte Wien und eroberte die Stadt nach Artilleriebeschuss.

Ein Strafgericht ereilte alle, die sich an der Auflehnung gegen den Absolutismus beteiligt hatten. Im Jahr darauf wurde auch die Revolution in Ungarn im Blut erstickt und der Neoabsolutismus eingeführt. Die Herrschaft des jungen Kaisers Franz Joseph (1830–1916), der im Dezember seinen regierungsunfähigen Onkel Ferdinand (1793–1875) abgelöst hatte, war auf den Bajonetten der Armee aufgebaut und begann mit Todesurteilen.

39. Wieso wurden Kaiser Franz Joseph, Sisi und Kronprinz Rudolf zu Kultfiguren?

Der Mythos dieser drei Figuren des 19. Jahrhunderts nimmt in der Forschung sowie der populären und populärwissenschaftlichen Literatur breiten Raum ein und wird immer wieder durch Dokumentationen, Filme und Ausstellungen sowie insbesondere auch die touristische Vermarktung weiter gepflegt.

Kaiser Franz Joseph (1830–1916) erscheint nostalgisch verklärt als guter Kaiser, obwohl die meisten seiner Entscheidungen erheblich zum Ende der Habsburgermonarchie beigetragen haben. Anfang und Ende seiner Regierungszeit stehen unter dem Zeichen der Gewalt, die blutige Bestrafung der Revolutionäre 1848/49 und die Kriegserklärung zum Ersten Weltkrieg sind kein Ruhmesblatt für den Kaiser. Seine lange Regierungszeit, der nostalgische Blick auf die »gute alte Zeit«, die vielen Schicksalsschläge (Erschießung seines Bruders in Mexiko, Selbstmord seines Sohnes, Ermordung seiner Frau und seines Thronfolgers) machen ihn zu einer tragischen Gestalt, der Mitleid entgegengebracht wird.

Noch viel gezielter war die Stilisierung seiner Frau, der Prinzessin in Bayern Elisabeth, genannt Sisi (1837–1898). Sie betrieb schon zu Lebzeiten einen Kult um ihre Person. Die ständigen Reisen, die extreme Sportlichkeit, die Betonung ihrer Schönheit und die Essprobleme sind nur einige der Facetten ihres Lebens, das zu einem Mythos wurde. In der neueren Betrachtung wurde Elisabeth zu einer Projektionsfläche, auf die alle modernen Strömungen aufgetragen werden können. Literatur und Film haben ein Zusätzliches zu dieser Kunstfigur beigetragen. Für viele sieht die Kaiserin aus wie Romy Schneider (1938–1982) in den *Sissi*-Filmen der 1950er-Jahre.

Auch der Sohn der beiden, Erzherzog und Kronprinz Rudolf (1858–1889), faszinierte Zeitgenossen und Nachgeborene. Sein »rätselhafter« Tod in Mayerling, über den es unzählige (Verschwörungs-)Theorien gibt, machte auch ihn zu einem Objekt gelehrter und populärer Spekulation. Vermutlich war es, wie jede seriöse Forschung behauptet, ein Selbstmord, wobei er allerdings zuvor die junge Mary Vetsera, die mit ihm in den Tod ging, erschoss. Das wollte das Kaiserhaus im Jahre 1889 nicht wahrhaben und verschleierte die Tatsachen, was Nachwirkungen bis heute zeitigt.

Wirft man einen Blick auf die erscheinenden Bücher und die öffentliche Beschäftigung mit dem langen 19. Jahrhundert (bis 1918), so liegt das Interesse fast stärker auf diesen drei Personen der kaiserlichen Familie als auf den politischen, wirtschaftlichen, sozialen und nationalen Problemen der Zeit.

40. Was ist unter Bauernbefreiung zu verstehen?

Die Bauernbefreiung machte die untertänigen Bauern frei, lieferte sie aber auch dem kalten Wind der freien Wirtschaft aus. Die Bauernbefreiung setzte Geld und Arbeitskräfte frei, die einen Boom der Industrialisierung in Österreich auslösten.

Bis zum Jahre 1848 lebten die Bauern in Österreich im System der Grundherrschaft, das heißt sie waren zu Abgaben und Arbeitsleistungen (Robot) an ihren adeligen oder geistlichen Grundherrn verpflichtet und auch rechtlich von diesem abhängig. Im Jahre 1848 stellte der junge schlesische Abgeordnete Hans Kudlich (1823–1917) im Reichstag den Antrag auf Aufhebung der Grundherrschaft, der mit vielen Zusätzen schließlich angenommen wurde.

Nach dem Ende der Revolution im Jahre 1849 wurden die Aufhebung der Grundherrschaft und die damit verbundene Bauernbefreiung als einzige Errungenschaften der Revolution durchgeführt; allerdings wurde das Untertänigkeitsverhältnis nicht einfach ersatzlos gestrichen. Der Wert der Bauerngüter wurde geschätzt und der Bauer musste ein Drittel des Schätzwertes an den Grundherrn zahlen, ein weiteres Drittel zahlte der Staat und auf ein Drittel mussten die Grundherren verzichten. All dies hatte eine doppelte Wirkung auf die Wirtschaft der Monarchie. Einerseits bekam der Adel durch die Ablösung der Güter eine große Menge Bargeld auf die Hand und einige der fortschrittlicheren Familien gaben dieses Geld nicht für Schlösser und Feste aus, sondern investierten in die kapitalistische Wirtschaft. Andererseits konnten nicht alle Bauern diese Ablösesumme bezahlen und mussten in diesem Fall ihren Hof aufgeben. Sie gingen in die Stadt und vermehrten dort – wie Karl Marx (1818–1883) es genannt hatte – die »Reservearmee des Proletariats«. Niedrige Löhne der Arbeiter und riesige Profite der Unternehmer schufen soziale Ungleichheit in einem unvorstellbaren Ausmaß.

Doch die Bauernbefreiung gab der Epoche des Neoabsolutismus auch große wirtschaftliche Impulse. Ökonomisch steuerte die Habsburgermonarchie in dieser Zeit einen liberalen Kurs, der zu einer wirtschaftlichen Blüte führte. Zu den beschriebenen Auswirkungen der Bauernbefreiung kam der in dieser Zeit beginnende Ringstraßenbau. Dieses Großunternehmen setzte ebenfalls wirtschaftliche Impulse und trug zu dieser Blütezeit der »Gründerjahre« bei, die noch vor der Herrschaft des Liberalismus begannen.

41. War der Bau der Ringstraße ein Aufbruch in die Moderne?

Die Ringstraße modernisierte die Stadt, verband das alte Wien mit den Vorstädten und führte zu einer Neuplanung der Stadt. Sie schuf aber auch einen Ort, der in der Erinnerungskultur des Landes viele Spuren hinterließ.

Wie die meisten Städte war Wien (der heutige erste Bezirk) von einer Stadtbefestigung umgeben, die militärisch keine Bedeutung mehr hatte. So entschloss sich Kaiser Franz Joseph (1830–1916) 1857, die unnütz gewordene Stadtbefestigung schleifen zu lassen und an ihrer Stelle eine Prachtstraße anzulegen. Diese Ringstraße, die einer ganzen Epoche den Namen gab, steht in Europa nicht einzigartig da, auch in Berlin und Paris war die Stadtplanung ein Merkmal der Modernisierung der Stadt.

Die Planung der Ringstraße musste auf Befehl des Kaisers »auf die militärische Strategie Rücksicht« nehmen. Daher wurden auf beiden Seiten der Ringstraße zwei Kasernen gebaut, die wie Festungen wirken: die Franz-Josephs- und die Rossauer-Kaserne, von denen eine ja noch heute zu sehen ist. Die Franz-Josephs-Kaserne, die nahe der Mündung des Wienflusses stand, wurde 1900 demoliert.

Zwischen diesen Kasernen erstreckte sich die Ringstraße, ein sehr großzügiges städtebauliches Konzept. Sie ist 6,5 km lang, 57 m breit und verfügt über zwei Alleen. Schon am 1. Mai 1865 konnte Kaiser Franz Joseph die Straße eröffnen. Die Ringstraße ist also eine Prachtstraße von europäischer Geltung mit bedeutenden Bauwerken des Historismus und war auch ein äußeres Zeichen der Modernisierung der Habsburgermonarchie.

Darüber hinaus ist die Ringstraße einer der wichtigsten Erinnerungsorte der österreichischen Geschichte. Viele Großereignisse, die dort stattfanden, spiegeln die Geschichte der späten Monarchie und der beiden Republiken wider: der Festzug anlässlich der Silberhochzeit des Kaiserpaares 1879, die Demonstrationen für ein allgemeines Wahlrecht 1905 und 1906, die Parade zum Kaiserjubiläum 1908, die Ausrufung der Ersten Republik 1918, antisemitische Kundgebungen und Krawalle, der Erste Maiaufmarsch der Sozialdemokraten, die

Aufmärsche der Austrofaschisten, die Kundgebung zum Anschluss 1938, die Antiopernball-Demonstrationen der Zweiten Republik, der Triumphzug von Karl Schranz 1972, die Pro- und Kontra-Waldheim-Demonstrationen 1986, das Lichtermeer 1993, um nur einige Ereignisse zu nennen, fanden auf der Ringstraße statt.

42. Was geschah im Ausgleich 1867?
Nach der Niederlage gegen Preußen 1866 musste Franz Joseph eine der Nationen des Reiches privilegieren und so kam es zum Ausgleich mit Ungarn, der zur österreichisch-ungarischen Doppelmonarchie führte.

In den ersten zwanzig Jahren der Regierungszeit Kaiser Franz Josephs (1830–1916) stand die nationale Frage in der Außenpolitik im Zentrum. In Kriegen gegen Piemont-Sardinien (und Frankreich) sowie später gegen Preußen verlor die Habsburgermonarchie die Lombardei und Venezien und den Einfluss auf die deutsche Frage. Noch mehr allerdings verlor der Kaiser an Prestige und konnte weder auf dem absolutistischen System, noch auf der Ausschaltung aller nichtdeutschen Nationalitäten von der Macht verharren. Die Folgen waren die schrittweise Durchsetzung einer Verfassung und die Tatsache, dass sich Franz Joseph wenigstens mit einer der Nationen der Monarchie verbünden musste.

Nach der Niederwerfung der Revolution in Ungarn 1849 hatte ein brutales Militärregime das Land unterdrückt, Ungarn hatte durch sein Verhalten – so der Kaiser – seine Privilegien »verwirkt«. Doch die Ungarn waren in der Geschichte weit mehr als alle anderen Völker des Reiches immer aufständisch gewesen. So lag es nahe, einen Ausgleich mit dieser Gruppe zu suchen.

Der Ausgleich des Jahres 1867 ist ein Vertrag zwischen Franz Joseph in seiner Funktion als König von Ungarn und der (Adels-)Nation des Reiches der heiligen Stephanskrone. Durch diesen Vertrag, der die alten Privilegien Ungarns wieder herstellte, wurde die österreichisch-ungarische Doppelmonarchie begründet. Das Königreich Ungarn (das auch die Slowakei, Kroatien und Gebiete im heutigen Rumänien, Serbien und Österreich mit einschloss) wurde in seiner inneren Verwaltung völlig unabhängig. Der restliche Teil der Monarchie im Westen waren »die im Reichsrat vertretenen Königreiche und Länder«, nach dem Grenzfluss Leitha »Cisleithanien« oder oft auch »Österreich« genannt.

Die beiden Teile der Doppelmonarchie waren durch eine Personalunion (Franz Joseph war Kaiser von Österreich und apostolischer König von Ungarn) und eine Realunion verbunden. Die Realunion bezog sich auf die gemeinsame Außenpolitik, das gemeinsame Heer (dessen Befehlssprache Deutsch war) und die gemeinsamen Finanzen für Außenpolitik und Armee. Österreich-Ungarn hatte drei Finanzministerien, ein k. Finanzministerium – die Abkürzung k. (königlich) bezieht sich allein auf Ungarn –, ein k. k. Ministerium – kaiserlich-königlich bezieht sich auf den westlichen (österreichischen) Teil der Monarchie – und ein k. u. k. (kaiserlich und königliches) Finanzministerium für die gemeinsamen Finanzen der beiden Reichshälften.

In Cisleithanien (wie auch in Ungarn) wurde vom Reichsrat 1867 eine Verfassung erarbeitet, die Dezemberverfassung, die im Prinzip bis zum Ende der Monarchie galt. Der Reichsrat wurde zunächst allerdings nur von einer kleinen elitären Schicht gewählt.

43. Warum konnte das Nationalitätenproblem nicht gelöst werden?

Durch das sture Festhalten des Kaisers, der Deutschen und der Ungarn am Ausgleich und die Ablehnung jeder weiteren Föderalisierung der Habsburgermonarchie wurde das nationale Problem immer unlösbarer.

Die Habsburgermonarchie war ein Vielvölkerstaat, in dem je nach Definition etwa ein Dutzend verschiedener Nationen lebten. Das Selbstverständnis dieser Nationen orientierte sich an der Sprache und der damit verbundenen Kultur, im Zuge des 19. Jahrhunderts trat allerdings auch das Konzept der »Rasse« hinzu. Jede dieser Nationalitäten wollte autonome Rechte, vor allem den Gebrauch ihrer Muttersprache in Schule, Gericht und Verwaltung. Mit dem Ausgleich 1867 gab es zwei privilegierte Nationen, die Deutschen und die Ungarn, die jeweils nur ein Drittel der Bevölkerung ihres Staatsteiles ausmachten. Durch ein ungleiches Wahlrecht und die Uneinigkeit der verschiedenen slawischen Völker konnten sie sich an der Macht halten. Diese beiden Nationen und der immer weniger flexibel reagierende Kaiser waren das Hindernis für eine Erweiterung der Föderalisierung der Monarchie.

Der Ausgleich hatte vor allem die Tschechen in der westlichen Reichshälfte verärgert, denn sie konnten mit Recht behaupten, dass sie historisch gesprochen ähnliche Privilegien (das böhmische Staatsrecht) gehabt hatten wie die Ungarn. Die Frage eines »böhmischen Ausgleichs« blieb bis zum Ende der Monarchie ungelöst. Franz Joseph (1830–1916) und auch sein Nachfolger Karl (1887–1922) wurden nicht zu böhmischen Königen gekrönt und viele Regierungen scheiterten an diesem Problem, das immer unlösbarer wurde. Versuchte eine Regierung Böhmen (den Tschechen) entgegenzukommen, wie der polnische Graf Kasimir Badeni (1846–1909), der Tschechisch in Böhmen als zweite Verwaltungssprache durchsetzen wollte, protestierten die Deutschen heftig, blieb ein Ministerpräsident beim Alten, wehte ihm ein rauer Wind der Tschechen entgegen. Letztendlich führte dies dazu, dass die Tschechen ihre Zukunft nicht mehr innerhalb der Monarchie sahen, sondern in einem eigenen Staat, der 1918 Wirklichkeit wurde.

Die Polen reagierten ganz anders und verhielten sich Wien gegenüber freundlich, was es ihnen ermöglichte, in Galizien und Lodomerien ihrerseits die Ukrainer (in der Habsburgermonarchie Ruthenen genannt) zu unterdrücken. Ein weiterer Konfliktherd waren die Südslawen (Serben, Kroaten und Slowenen), die einen eigenen Staat gründen wollten. Das wäre unter der Führung der Kroaten innerhalb der Monarchie oder unter der Führung des Königreichs Serbien außerhalb der Monarchie möglich gewesen. Dieser Konflikt ist Teil der Vorgeschichte des Ersten Weltkriegs (vgl. Frage 47). Ähnlich wie bei den Südslawen, wo mit dem Königreich Serbien ein unabhängiger Staat außerhalb des habsburgischen Herrschaftsbereiches existierte, waren auch die Italiener und Rumänen innerhalb der Monarchie an einem Anschluss an »ihren« Nationalstaat interessiert. Man spricht von *Irredentisten*, den Unerlösten, die noch unter dem »Joch der habsburgischen Herrschaft« schmachteten.

Keine neue Grenzziehung von Provinzen oder nach 1918 Staaten vermochte das Problem zu lösen, weil diese neuen Gebiete immer wieder Minderheiten enthielten. Aus heutiger Sicht waren diese nationalen Konflikte aufgebauscht und politisch instrumentalisiert, auf territorialer Ebene unlösbar und zeitigten vor allem auf dem Balkan Folgen bis in die Gegenwart.

44. Was passierte beim Börsenkrach?

Die boomende Wirtschaft war nicht so gesund, wie es in der Gründerzeit den Anschein hatte. 1873 kam es zum Börsenkrach, bei dem viele ihr Geld verloren. Die Schuld gab man den Liberalen und den »Juden«, der Antisemitismus nahm zu.

Schon in der Zeit des Neoabsolutismus kam es zur sogenannten »Gründerzeit«, einem Aufschwung der Wirtschaft in der Habsburgermonarchie und einer wachsenden Industrialisierung, die nicht nur zum großen Reichtum der Bourgeoisie, sondern auch zur schrecklichen Ausbeutung und Verarmung der Arbeiter, des Proletariats, führte. Nachdem die Liberalen in der cisleithanischen Reichshälfte 1867 die Regierung angetreten hatten, verstärkte sich dieser Trend.

Vor allem die liberalen Zeitungen – die *Presse*, die *Neue Freie Presse* und das *Neue Wiener Tagblatt* – ermutigten die Menschen, Geld in die neue kapitalistische Wirtschaft zu investieren. Das Motto lautete: *Enrichissez-vous* – Bereichert euch, eine ungesunde Spekulationsblase entstand. Aktiengesellschaften versprachen riesige Gewinne mit Betrieben oder Minen, die gar nicht existierten, in Ländern, die ebenfalls nicht existierten. Die kleinen Anleger, die wenig Durchblick hatten, fielen darauf hinein. Zunächst konnte man ja mit dem Geld den neuen Aktionären die versprochenen hohen Renditen zahlen, was wieder andere dazu brachte, in diese Aktien zu investieren. Aber irgendwann platzten diese »Luftgeschäfte«.

Am 9. Mai 1873 stürzten die Kurse an der Wiener Börse ins Bodenlose. Der Börsenkrach ereignete sich noch dazu wenige Tage nach der am 1. Mai 1873 eröffneten Wiener Weltausstellung, die aller Welt den Fortschritt und Wohlstand des Staates demonstrieren sollte.

Viele der kleinen Anleger verloren alles, die professionellen Börsenspekulanten verloren ebenfalls, aber weniger, denn sie hatten mehr Kapital und dieses war auch gestreut auf verschiedene Aktien angelegt. Der Börsenkrach hatte aber auch politische Folgen. Die liberalen Zeitungen wurden von den kleinen Leuten beschuldigt, für das Desaster verantwortlich zu sein. Und da viele Journalisten dieser Zeitungen Juden waren, rollte eine Welle des Antisemitismus durchs Land. Antiliberalismus und Antisemitismus verbanden sich und veränderten die politische Situation der Monarchie.

45. Welche Rolle spielte der Antisemitismus in Österreich?

Die Ablehnung und Verfolgung der Juden hat alte Wurzeln, im 19. Jahrhundert kam mit der Rassentheorie eine vorgeblich »wissenschaftliche« Erklärung hinzu, die sehr wirkmächtig war.

Will man genau sein, gilt es zwischen Antijudaismus und Antisemitismus zu unterscheiden, obwohl auch hierbei die Grenzziehung schwerfällt. Die Ablehnung der Juden aus vorwiegend religiösen Gründen gibt es seit der Antike. Die Juden wurden von den Christen verachtet, weil sie nicht erkannt hatten, dass Christus der Messias war, und von ihnen gehasst, weil man sie kollektiv als Mörder Christi bezeichnete. Dazu kamen Legenden, die im Mittelalter entstanden und teilweise bis heute von einigen Menschen geglaubt werden. Die Juden, die Hostien schänden (in denen nach Auffassung des Katholizismus Christus real anwesend ist), christliche Kinder rauben und zu Pessach verspeisen (Ritualmord) oder Brunnen vergiften und damit die Pest hervorrufen.

Viele dieser Elemente des religiösen Judenhasses, der natürlich auch wirtschaftliche Gründe hatte, finden sich auch im modernen Antisemitismus. Juden konnten in der christlichen Gesellschaft weder Grundbesitz haben, noch ein Handwerk ausüben, sie waren auf Handel und Geldgeschäfte beschränkt. Dieses Kreditgeschäft brachte ihnen den Ruf der Geldgier ein und rief den Neid der Christen hervor. In Wien etwa wurden die Juden zweimal vertrieben, 1420 und 1670, und dabei zum Teil ermordet. Auch in der Folgezeit gab es immer wieder Pogrome und Übergriffe auf die jüdische Bevölkerung.

Mit der »wissenschaftlichen« Entwicklung des 19. Jahrhunderts entstand der Rassenantisemitismus. Aufbauend auf der Evolutionstheorie von Charles Darwin (1809–1882), wurde die Entwicklung von niederem zu höherem Leben auch auf die Menschen übertragen. Den Rassentheoretikern zufolge gab es höher entwickelte und minderwertige »Rassen« (ein Begriff, der heute wissenschaftlich nicht mehr haltbar ist!). Die Juden wurden nicht mehr nach ihrer Religion, sondern nach ihrer Herkunft und Abstammung klassifiziert. Auch ein getaufter Jude war dieser Auffassung nach eben ein Jude und wurde von den Antisemiten verachtet und verfolgt. Der gesellschaftliche Hintergrund war die wirtschaftliche und intellektuelle Schicht der sogenannten »Assimilationsjuden«, die ein christliches Bekenntnis angenommen hatten.

Da in Österreich zwei der entstehenden Massenparteien, die Christlichsozialen und die Deutschnationalen, antisemitisch waren, wurde diese Ideologie verbreitet und populär. Die oft gehörte Unterscheidung, dass die Christlichsozialen unter Karl Lueger (1844–1910) einen »guten« und die Deutschnationalen unter Georg Ritter von Schönerer (1842–1921) einen »schlechten« Antisemitismus vertreten hätten, ist klarerweise nicht haltbar. Es gibt keinen »guten« Antisemitismus. Nicht zufällig hat Adolf Hitler (1889–1945) in seinem Buch *Mein Kampf* sowohl Lueger als auch Schönerer als Vorbilder genannt. Und die Akzeptanz der Shoah, der Vernichtung von sechs Millionen Juden im Zweiten Weltkrieg, durch die österreichische Bevölkerung ist von der antisemitischen Politik dieser Parteien nicht zu trennen.

46. Wie entstand das österreichische Parteiensystem?

In den 1880er-Jahren bildeten sich drei politische Lager, die Deutschnationalen, die Sozialdemokraten und die Christlichsozialen, die bis heute das politische Spektrum Österreichs bilden.

Parteien konnten in Österreich erst auf Grundlage der Dezemberverfassung 1867 entstehen. Zunächst bildeten sich Parteien der einzelnen Nationen, die Deutschliberalen und die Konservativen oder Klerikalen. Alle diese Parteien, die auf einem sehr elitären Wahlrecht fußten, demzufolge weniger als sechs Prozent der Bevölkerung wahlberechtigt waren, waren keine modernen Parteien, sondern sogenannte »Honoratiorenparteien«, die erst im Reichstag wirklich zusammentraten.

Nach dem Ende der liberalen Ära, die in Perspektivlosigkeit und Korruption versank, bildeten sich aus den Resten des Liberalismus drei Lager, die oft auch als Massenparteien bezeichnet werden. Aufgrund des eingeschränkten Wahlrechts scheint der Ausdruck Massenparteien allerdings übertrieben, im Laufe der Zeit, als immer mehr Gruppen der Bevölkerung wählen durften, wurden sie aber zu solchen.

Den Liberalen am nächsten waren vermutlich die Deutschnationalen, die wirtschaftlich ähnliche Vorstellungen hatten. Sie reagierten allerdings darauf, dass die deutsche Einigung 1871 unter den Hohenzollern und unter Ausschluss der Deutschen der Habsburgermonarchie stattgefunden hatte, indem sie für den Anschluss der deutschsprachigen Gebiete der Monarchie an das Deutsche Kaiserreich eintraten. Die Deutschnationalen waren radikal antisemitisch und antiklerikal. Ihre Führungsgestalt war Georg Ritter von Schönerer (1842–1921), der allerdings in ständige Konflikte verwickelt war.

Die wachsende Arbeiterschaft wurde durch die Sozialdemokraten vertreten, die schon Wurzeln vor 1867 hatten, sich aber erst 1888/89 auf dem Hainfelder Parteitag unter Victor Adler (1852–1918) zu einer gemeinsamen, auf dem Marxismus fußenden Bewegung zusammenschlossen. Adler gelang es, den radikalen und den gemäßigten Flügel der Bewegung zu einer einheitlichen Partei zusammenzuführen. Die Sozialdemokraten waren antiklerikal, sympathisierten mit dem

Gedanken der Republik, waren aber in ihrer Politik sehr gemäßigt. Sie waren als einzige Gruppe nicht antisemitisch und traten für das allgemeine Wahlrecht, auch für Frauen, ein.

Die Christlichsozialen hatten ebenfalls Vorläufer, besonders während der Klerikalisierung der Landbevölkerung nach der Durchlöcherung des Konkordats im Jahre 1868. Die verschiedenen Strömungen, vor allem die ideologischen Gruppierungen um Karl Freiherrn von Vogelsang (1818–1890), wurden von Karl Lueger (1844–1910), der ein ausgezeichneter Redner war, zusammengefasst. Die Christlichsozialen standen loyal zur Monarchie, wurden von der katholischen Kirche unterstützt und vertraten einen Antisemitismus, der sich vor allem an das durch die Industrialisierung bedrohte Kleinbürgertum und die vom Klerus beeinflussten Bauern wandte.

Alle heutigen Parteien, außer den Grünen (und die Partei von Frank Stronach) haben ihre Wurzeln in diesen drei Lagern.

47. Warum ging die Habsburgermonarchie 1918 unter?

Die ungelösten Probleme der Monarchie, allen voran die nationale Frage, verstärkten sich in der Zeit des Krieges und führten letztlich mit der sich abzeichnenden Niederlage 1918 zum Zerfall des multinationalen Staates.

Die inneren Probleme der Monarchie wurden nicht gelöst. Die mit dem Alter zunehmende Sturheit und Reformunwilligkeit Kaiser Franz Josephs sowie die Haltung der Deutschen und der Magyaren gegenüber den anderen Nationalitäten machten eine Lösung der nationalen Frage oder auch nur Fortschritte auf diesem Gebiet unmöglich. Dazu kamen noch die ungelösten sozialen Schwierigkeiten, vor allem die Lage der Arbeiter und der Kleinbauern war schlimm. Auch hier gab es wenig Lichtblicke und die Verbitterung dieser Gruppen nahm zu.

Außenpolitisch hatte sich die Monarchie auf das Bündnis mit Deutschland festgelegt, die beiden anderen Bündnispartner Italien und Rumänien standen in einem spannungsreichen Verhältnis zur

Monarchie, da große Minderheiten beider Nationen in der Habsburgermonarchie lebten. Wie sich nach Beginn des Krieges zeigte, sollten diese beiden Staaten auch auf die Seite der Gegner der sogenannten Mittelmächte Deutschland und Österreich-Ungarn überlaufen.

Mit Beginn des Ersten Weltkriegs, der – bei aller Kriegsbereitschaft auf allen Seiten – von den Mittelmächten ausgelöst wurde, verschlechterte sich die Situation. Der Krieg lief nicht gut für die Mittelmächte, die Versorgungslage wurde immer schlechter, die Grundrechte waren in der Habsburgermonarchie aufgehoben, die Arbeiter in den Fabriken wurden vom Militär zur Arbeit geprügelt, die nationalen Spannungen wuchsen. In den letzten Kriegsjahren gab es Hungerrevolten und Rebellionen in der Armee, die nationale und soziale Gründe – die Offiziere wurden besser verpflegt als die Mannschaften – hatten.

Die Hauptursache für den Untergang der Monarchie war aber zweifellos die nationale Frage. Nachdem die Wünsche der verschiedenen Nationalitäten allzu lange unterdrückt worden waren, begann 1918, als sich die Niederlage abzeichnete, ein Auflösungsprozess des multinationalen Staates. Das Königreich der Serben, Kroaten und Slowenen (SHS-Staat, das spätere Jugoslawien) und die Tschechoslowakische Republik wurden gegründet und viele andere Teile des Staates von den Siegermächten beansprucht. Der letzte Versuch einer Föderalisierung der Monarchie durch Kaiser Karl kam um Jahrzehnte zu spät, das jahrhundertelang existierende Konglomerat verschiedener Nationen zerfiel.

48. Wie entstand die Erste Republik?

Die Deutschsprachigen der Monarchie riefen 1918 die Republik Deutschösterreich aus, die ein Teil der Deutschen Republik sein sollte. Nach dem Verbot dieses Anschlusses durch die Siegermächte blieb ein Staat übrig, den man als nicht lebensfähig erachtete.

Als sich die Monarchie aufzulösen begann, sahen sich die Deutschsprachigen gezwungen zu reagieren, insbesondere auch aufgrund der Tatsache, dass sich Ungarn vom Gesamtstaat gelöst und einen eigenständigen Staat gebildet hatte. Am 12. November 1918 trafen sich die 1911 gewählten deutschsprachigen Abgeordneten in Wien und riefen die Republik Deutschösterreich aus. Dem Namen des neuen Staates wohnten zwei Bedeutungen inne, er war der Staat *aller* Deutschen der Monarchie, und dieser Staat war nicht als eigenständiges Gebilde, sondern als Teil der mittlerweile entstandenen Deutschen Republik geplant. Das vom amerikanischen Präsidenten Woodrow Wilson (1856–1924) in seinen berühmten »Vierzehn Punkten« reklamierte Selbstbestimmungsrecht der Völker war die Grundlage dieser Entscheidung. Die Siegermächte erlaubten diesen freiwilligen Anschluss – das ist der Unterschied zum realen Anschluss 1938 – des demokratischen Österreich an die Deutsche Republik nicht, und so wurde Österreich zum »Staat, den keiner wollte«, an dessen wirtschaftlicher Lebensfähigkeit die Bevölkerung zweifelte. Vor allem die Deutschnationalen, aber auch die Sozialdemokraten, wenn auch aus anderen Gründen, waren für diesen Anschluss an Deutschland. Die Sozialdemokraten fürchteten, in dem damals noch stark agrarisch strukturierten Land nicht an die Macht zu kommen, und wollten daher die Vereinigung mit dem stärker industrialisierten Deutschland.

Diese Staatsgründung verlief allerdings viel komplexer, als diese Sätze, die das Resultat zusammenfassen, vermuten lassen. Noch war der Kaiser im Lande und hatte nicht abgedankt; aus Faszination für die Russische Revolution 1917 hatten sich kommunistische Gruppen gebildet, die eine Räterepublik (die Übersetzung von Sowjetrepublik) haben wollten; und noch bis zum Frühjahr 1919 blieb die Lage unübersichtlich. Die Regierung des Sozialdemokraten Karl Renner (1870–1950) gemeinsam mit den Christlichsozialen war mit gewaltigen Schwierigkeiten konfrontiert: Hunger und Not im Lande, keine klaren Grenzen, die erst im Vertrag von St. Germain 1919 festgelegt wurden, und eine schwierige Zusammenarbeit der beiden ideologisch weit voneinander entfernten Parteien, machten die ersten Jahre der Republik schwierig.

Im Vertrag von St. Germain wurde nicht nur die Vereinigung mit Deutschland untersagt, sondern erfolgten auch die Grenzziehungen nicht nach nationalen Grenzen, sondern nach politischen und strategischen Überlegungen. Nur im Falle des südlichen Kärnten, wo

1920 eine Volksabstimmung stattfand, und des Burgenlands (mit Ausnahme von Ödenburg/Sopron, das durch eine weitere – nicht sehr saubere – Volksabstimmung an Ungarn ging) wurden Gebietsansprüche der Republik Österreich berücksichtigt, im Hinblick auf Südtirol oder die Deutschen in Böhmen konnten keine Erfolge verzeichnet werden.

49. Was war die Seipel-Sanierung?

Die Wirtschaft Österreichs lag nach 1918 am Boden, die Inflationsrate war extrem hoch. Dem christlichsozialen Bundeskanzler Ignaz Seipel gelang es, vom Völkerbund einen Kredit zu bekommen, der die Wirtschaft (kurzfristig) sanierte, die Schillingwährung blieb stabil.

Die Wirtschaft des neu gegründeten Staates lag darnieder. Der Zerfall der Monarchie in Nationalstaaten hatte den balancierten Wirtschaftsraum der Habsburgermonarchie auseinandergerissen. Österreich verfügte über wenig Industrie (die lag hauptsächlich in Böhmen) und eine nicht sehr produktive Landwirtschaft, deren Zentren zu Zeiten der Monarchie in Ungarn gelegen hatten.

Das Hauptproblem des Staates war allerdings die galoppierende Inflation. Für ein Kilo Brot, das vor dem Krieg 0,23 Kronen gekostet hatte, musste man im September 1922 7800 Kronen zahlen, der Preis für einen Herrenanzug stieg von 700 Kronen auf 1,7 Millionen (!) Kronen. Die Gold- und Devisenreserven waren im Krieg verschwendet worden.

Während die Sozialdemokraten die Lösung in einer hohen Besteuerung der Reichen sahen, setzten die Christlichsozialen unter ihrem Parteiführer, dem Priester und Universitätsprofessor Ignaz Seipel (1876–1932), auf ausländische Kredite, um die Währung zu stabilisieren und die wirtschaftliche Lage zu verbessern. Seipel spielte die internationalen Mächte, vor allem die Nachbarstaaten, gekonnt gegeneinander aus und erreichte 1922 schließlich eine Anleihe in der Höhe von 650 Millionen Goldkronen vom Völkerbund. Die österreichischen Finanzen mussten unter die Aufsicht des Völkerbundes gestellt werden und Seipel musste einen Verzicht auf den Anschluss an Deutschland unterschreiben, was seine deutschnationalen Koalitionspartner nicht freute. Eine Reihe von flankierenden Maßnahmen sollten zur Sanierung beitragen. Österreich, insbesondere der »Wasserkopf« Wien, hatte eine Vielzahl von Beamten, die als »Pragmatisierte« (Beamte im dauernden Dienstverhältnis) unkündbar waren. Hier musste die Regierung eingreifen und machte sich damit Teile ihres eigenen Wählerpotenzials zu Feinden.

Doch letztlich war die Seipel-Sanierung relativ erfolgreich. Mit 1. Jänner 1925 wurde eine neue, stabile Währung eingeführt, der Schilling, und auch wirtschaftlich ging es leicht aufwärts. Allerdings hat der Schwarze Donnerstag am 24. Oktober 1929, der Börsenkrach an der New Yorker Börse, diese zart keimenden Hoffnungen wieder zunichte gemacht. Die Wirtschaft der Ersten Republik blieb schwach, die Arbeitslosenrate hoch und das Elend der Menschen groß.

50. Was versteht man unter dem »Roten Wien«?

In der Stadt und dem Bundesland (seit 1920) Wien konnten die Sozialdemokraten ihre Ideen verwirklichen und bauten mit dem »Roten Wien« eine spezifische Form von Lebenswelt für die Arbeiterklasse auf, die nach 1933/34 unterging.

Durch das neue allgemeine, gleiche, geheime und direkte Wahlrecht für Männer und Frauen und vor allem durch die Umstellung von einem Mehrheitswahlrecht auf ein Proportionalwahlrecht stieg die Bedeutung der Sozialdemokraten. Aber nur in einem Bundesland, in Wien (erst mit der Verfassung von 1920 durch die Trennung von Niederösterreich geschaffen), hatten sie die Mehrheit. Hier konnten sie ihr ambitioniertes Programm verwirklichen und das »Rote Wien« war und ist weit über Österreich hinaus ein Begriff geworden. Ideologischer Hintergrund war der Austromarxismus, der stark von den Ideen von Immanuel Kant (1724–1804) beeinflusst war und das Proletariat zu einer »neuen Menschheit« erziehen wollte, mit der man dann die proletarische Revolution durchführen könne.

Und so wurde im Roten Wien durch den großen Schulreformer Otto Glöckel (1874–1935) ein koedukatives Schulwesen eingeführt, das auf der Idee der Arbeitsschule basierte. Außerdem wurden Volkshochschulen und andere Bildungseinrichtungen bis hin zur Parteihochschule der Sozialdemokraten gegründet, Leihbibliotheken, die wertvolle und den Grundlagen der Ideologie der Partei entsprechende Literatur zur Verfügung stellen sollten, wurden ins Leben gerufen.

Das kollektive Bewusstsein der Menschen wurde durch eine neue – der bürgerlichen Kultur entgegengesetzte – Festkultur gestärkt, deren Höhepunkt die Machtdemonstration der Arbeiterbewegung am 1. Mai war. Auch kollektiver Sport, der nicht auf Konkurrenz und Sieg beruhte, war ein Teil dieses Programms. Damit zusammen hing ein neues Körperbewusstsein, besonders für die Frauen, die kurz geschnittene Haare und sportliche Kleidung bis hin zu – in den Augen der Konservativen – »unanständigen« Badeanzügen trugen oder gar der Freikörperkultur (FKK) frönten. Trotz dieser sportiven, emanzipierten Frauen blieb das Frauenbild ambivalent, wurde den Frauen doch auch empfohlen, auf die Häuslichkeit zu achten und den Mann zu verwöhnen, nicht zuletzt, um ihn vom Besuch im Wirtshaus abzuhalten (Alkoholismus war immer noch ein Problem in der Arbeiterklasse).

Die in Wien regierenden Sozialdemokraten versuchten eine lebenswerte Welt für die Arbeiterklasse zu schaffen. Viele Gemeindebauten, die sich von den tristen Zinskasernen klar abhoben, entstanden im Roten Wien. Von 1925 bis 1934 wurden 337 städtische Wohnhausanlagen mit etwa 64.000 Wohnungen gebaut. Sie prägen noch heute das Stadtbild, als Beispiele seien der Karl-Marx- oder der Friedrich-Engels-Hof genannt. Integriert in diese Gemeindebauten waren Kindergärten, Grünflächen, sanitäre Einrichtungen und Kinderfreibäder, wie überhaupt die Sozialpolitik einen zentralen Stellenwert im Roten Wien einnahm.

Das große Experiment des Roten Wien endete in den Jahren 1933/34 mit der Ausschaltung der Sozialdemokraten und der Etablierung des Austrofaschismus.

51. Wieso kam es 1927 zum Brand des Justizpalastes?

Nach einem Zwischenfall in Schattendorf im Burgenland wurden die Angehörigen der Heimwehr, die dort einen Invaliden und ein Kind getötet hatten, freigesprochen. Bei der Demonstration gegen das Urteil in Wien geriet der Justizpalast in Brand und die Polizei schoss in die unbewaffnete Menge.

Aufgrund der unklaren Situation – man wusste nicht einmal, welche Grenzen der Staat haben würde – bildeten die beiden großen Parteien, die Christlichsozialen und die Sozialdemokraten, in den Jahren von 1918 bis 1920 eine Koalitionsregierung, die allerdings schlecht funktionierte. Die beiden Parteien waren weltanschaulich weit voneinander entfernt, was eine Zusammenarbeit fast unmöglich machte. Die Sozialdemokraten waren klar marxistisch orientiert und träumten von der »Diktatur des Proletariats« und der »klassenlosen Gesellschaft«, die Christlichsozialen lehnten sich eng an die konservative katholische Kirche an, waren strikt antimarxistisch und antisemitisch. Beide Parteien hatten bewaffnete paramilitärische Einheiten, die Heimwehr auf konservativer und den Republikanischen Schutzbund auf sozialdemokratischer Seite, die jeweils radikaler waren als ihre Parteien.

Bis zur Verfassung von 1920, der sogenannten Kelsen-Verfassung, die bis heute die Grundlage des österreichischen politischen Systems bildet, arbeiteten die beiden Parteien zusammen, die restlichen Jahre der Ersten Republik bis zum Ende der Demokratie regierten die Christlichsozialen gemeinsam mit den Deutschnationalen. Die Ablehnung der Linken und auch der Antisemitismus verbanden diese beiden Parteien; allerdings waren die Deutschnationalen deutlich stärker als die Christlichsozialen auf einen Anschluss an Deutschland fixiert.

Die Spannungen zwischen Heimwehr und Schutzbund wuchsen und 1927 kam es im burgenländischen Schattendorf zu den ersten politischen Toten der Ersten Republik. Angehörige der Heimwehr schossen auf eine Gruppe des Schutzbundes und töteten einen alten Mann und ein Kind. Der darauf folgende Prozess endete aus formalen Gründen mit Freisprüchen. Die sozialdemokratische *Arbeiter-Zeitung* rief in einem radikalen Leitartikel zu einer Demonstration in Wien auf. Bei dieser gelangten Demonstranten in das Gebäude des Justizpalastes und setzten ihn in Brand. Polizeieinheiten schossen auf Befehl von Polizeipräsident Johannes Schober (1874–1932) und Bundeskanzler Ignaz Seipel (1876–1932) in die unbewaffnete Menge. 89 Demonstranten und fünf Polizisten starben, viele wurden verletzt.

Die Sozialdemokraten reagierten nicht sehr heftig, sondern sehr vorsichtig, sodass die bürgerlichen Parteien einen Sieg für sich verbuchten, der ihre Bereitschaft zur völligen Ausschaltung der Sozialdemokraten stärkte.

52. Wie kam es zur Ausschaltung der Demokratie in Österreich 1933?

Der Wille zur Einparteienregierung war bei den Christlichsozialen stark, ein Formalfehler im Parlament 1933 (von der Regierung als »Selbstausschaltung des Parlaments« interpretiert) und die darauf folgende Demontage demokratischer Institutionen führten zum Ende der Demokratie in Österreich.

In den späten 1920er-Jahren verstärkten sich in der Christlichsozialen Bewegung und speziell in der Heimwehr die antidemokratischen Tendenzen, man träumte von der Ausschaltung der politischen Gegner und vom Einparteienstaat. Die Heimwehr wurde dabei ideologisch und materiell, vor allem mit Waffenlieferungen, vom faschistischen Italien gestützt.

Die radikale Sprache der Sozialdemokraten, die allerdings mit einer sehr moderaten Politik Hand in Hand ging, beunruhigte die Christlichsozialen, mehr aber noch das Wahlergebnis der – wie sich später herausstellen sollte – für lange Zeit letzten freien Wahlen 1930. Die Sozialdemokraten gewannen 41 Prozent der Stimmen und waren mit 72 Mandaten stärkste Partei. Die Christlichsozialen erhielten 66 Mandate, der Heimatblock (die Partei der Heimwehren, die getrennt kandidierten) 8 Mandate, die Deutschnationalen 19 Mandate.

Die Nationalsozialisten erreichten zwar 111.627 Stimmen (3 Prozent), verfügten aber über kein Grundmandat und waren daher nicht im Parlament vertreten.

Als der den Heimwehren nahestehende Engelbert Dollfuß (1892–1934) 1932 die Regierung bildete, verschärfte sich das politische Klima. Die Nationalsozialisten hatten in Regionalwahlen erheblich zugelegt und man versuchte daher, bundesweite Wahlen möglichst zu verschieben oder gar ohne solche weiterregieren zu können. Eine Abstimmung im Parlament am 4. März 1933 führte zu einer Geschäftsordnungsdebatte und schließlich zum Rücktritt aller drei Präsidenten des Nationalrates. Da der Präsident nicht mitstimmen kann, waren die ersten beiden Rücktritte strategisch sinnvoll. Der Sozialdemokrat Karl Renner (1870–1950) trat zurück, um seiner Partei eine Stimme mehr zu geben und den Christlichsozialen, die jetzt das Präsidium übernehmen mussten, eine Stimme wegzunehmen. Der Christlichsoziale Rudolf Ramek (1881–1941) trat daraufhin ebenfalls zurück und aus einer nicht erklärbaren Reaktion heraus legte auch der deutschnationale dritte Präsident Sepp Straffner (1875–1952) sein Amt nieder. Diese Panne wäre an sich leicht zu beheben gewesen, aber Dollfuß, beraten von Sektionschef Robert Hecht (1881–1838), verhinderte die Neueinberufung des Parlaments durch Straffner und die Ausschreibung von Neuwahlen durch Bundespräsident Wilhelm Miklas (1872–1956).

Eine Klage des »Roten Wien« beim Verfassungsgerichtshof führte zum Rücktritt aller christlichsozialen Mitglieder desselben und damit zur Ausschaltung der Obersten Gerichtsbarkeit. Die Kommunistische Partei und die Nationalsozialisten wurden verboten, einige Organisationen der Sozialdemokratie, darunter der Schutzbund, aufgelöst. Dollfuß regierte nach dem »kriegswirtschaftlichen Ermächtigungsgesetz« von 1917. Die Demokratie in Österreich war damit weitgehend beseitigt, aber noch immer existierten die Sozialdemokratische Partei und eine »rote« Regierung in Wien.

53. Was versteht man unter Austrofaschismus?

Nach dem Sieg im Bürgerkrieg im Februar 1934 verbot Dollfuß die Sozialdemokraten und machte Österreich zu einem austrofaschistischen Staat, der sich besonders auf die katholische Kirche stützte.

Nach der Auflösung des Parlaments und der Höchstgerichtsbarkeit 1933 versuchte Dollfuß (1892–1934), immer unter starkem Einfluss von Benito Mussolini (1883–1945) in Italien, die Opposition endgültig zu beseitigen. Waffensuchen und Verhaftungen von Führern des Schutzbundes schwächten diese Institution und im Februar 1934 hielten sich die Heimwehren für stark genug, die Sozialdemokraten endgültig auszuschalten. Am 11. Februar 1934 sprach der Heimwehrführer Emil Fey (1886–1938) bei einer Kundgebung in Großenzersdorf und sagte: »Wir werden morgen an die Arbeit gehen und ganze Arbeit leisten.« Der Linzer Schutzbundführer Richard Bernaschek (1888–1945) kündigte an, bei einer Waffensuche in Linz Widerstand zu leisten. Die sozialdemokratische Parteiführung mahnte zur Zurückhaltung, doch am nächsten Tag wehrten sich Mitglieder des Schutzbundes gegen eine Waffensuche im Hotel »Schiff« in Linz. Ein kurzer Bürgerkrieg in Oberösterreich und der Obersteiermark, vor allem aber in Wien, wo die Gemeindebauten von Heimwehr, Armee und Polizei (die längst eindeutig konservativ politisiert waren), die auch Artillerie einsetzten, belagert wurden, begann und endete schließlich mit dem Sieg der Heimwehren.

Viele Sozialdemokraten, darunter die Parteiführung, gingen in die Tschechoslowakei ins Exil (Brünner Büro der Sozialdemokratie), viele andere wurden verhaftet, neun Führer des »Aufstands«, darunter Karl Münichreiter (1891–1934), Georg Weissel (1899–1934) und Koloman Wallisch (1889–1934) hingerichtet, sie wurden zu Helden- und Märtyrerfiguren. Die Sozialdemokratische Partei und alle ihre Unterorganisationen wurden verboten.

Am 1. Mai 1934 wurde »im Namen Gottes« eine Verfassung ausgerufen, die keine demokratischen Institutionen mehr kannte, sondern auf autokratischen Führungsstrukturen aufgebaut war. Die Organisation des Staates erfolgte aufgrund der Berufsstände, die in beratenden Gremien saßen, deren Mitglieder von der Einheitspartei, die sich als »Vaterländische Front« bezeichnete, ernannt wurden. Am selben Tag wurde auch ein Konkordat mit dem Heiligen Stuhl verkündet (das über weite Strecken heute noch gültig ist) – der Preis für die große Unterstützung der Kirche für dieses neue Staatssystem, das sonst nicht sehr populär war.

Konservative Politiker und Historiker bezeichnen dieses System oft als »autoritären Staat« oder »Ständestaat«, während kritische und linksgerichtete vom Austrofaschismus sprechen, dessen System zwar milder als der Nationalsozialismus, in seinem Kern aber faschistisch war.

54. Welche Folgen hatten der Anschluss und der Zweite Weltkrieg für Österreich?

Der Anschluss des Jahres 1938 beseitigte für sechs Jahre die Eigenständigkeit Österreichs und führte dazu, dass die Österreicher im Zweiten Weltkrieg an der Seite Deutschlands kämpften und große Verluste an Bevölkerung und Eigentum zu verzeichnen waren.

Dollfuß (1892–1934) hatte zwar mit dem Bürgerkrieg im Februar 1934 die Sozialdemokraten ausgeschaltet, die Nationalsozialisten allerdings versuchten im Juli 1934 einen Putsch, bei dem Dollfuß ermordet wurde. Sein Nachfolger Kurt (von) Schuschnigg (1897–1977) geriet zunehmend unter Druck des nationalsozialistischen Deutschland. Mussolini, der noch im Juli 1934 seine schützende Hand über Österreich gehalten hatte, näherte sich seit 1936 – nach der Unterstützung Deutschlands im Abessinienkrieg – zunehmend Hitler an. Die Achse Rom–Berlin isolierte Österreich und gab es schutzlos den Anschlussbestrebungen der Nationalsozialisten preis. Auch die internationale Lage und die *Appeasement-Politik* gegenüber Hitler standen der Eigenständigkeit Österreichs nicht freundlich gegenüber.

Nachdem Österreich schon im Juli-Abkommen 1936 Zugeständnisse an Deutschland hatte machen müssen, begann 1938 der letzte Akt. Im Februar 1938 kam es zu einem Treffen zwischen Hitler und Schuschnigg in Berchtesgaden, nach dem Schuschnigg eine Volksabstimmung ansetzte, die allerdings aufgrund des Ultimatums aus

Berlin nicht mehr stattfinden konnte. Schuschnigg trat zugunsten des österreichischen Nationalsozialisten Arthur Seyß-Inquart (1892–1946) ab, gleichzeitig marschierten deutsche Truppen kampflos in Österreich ein, der Anschluss war vollzogen. Dieser Anschluss hatte zwei Aspekte: die Drohungen und den Einmarsch der Deutschen (womit später die Opferrolle Österreichs begründet wurde) und die jubelnde Begrüßung der Nazis durch die Mehrzahl der Österreicher 1938.

Der bisherige Staat wurde in der Folge liquidiert, die Bezeichnung Österreich durch Ostmark und später Donau- und Alpen-Reichsgaue ersetzt. Die enthusiastisch »Heil« brüllenden Massen verdeckten Verhaftungen von Regimegegnern und »rassisch« Verfolgten.

Noch schlimmer für den Großteil der Bevölkerung wurde die Situation mit Beginn des Zweiten Weltkriegs am 1. September 1939. Die Versorgungslage verschärfte sich und die Einberufung der Wehrpflichtigen in Österreich brachte Leid und Elend über die Familien.

Die Gesamtfolgen des Zweiten Weltkriegs waren schrecklich: Rund 55 Millionen Tote, davon 30 Millionen gefallene Soldaten und 24,6 Millionen Ziviltote, kostete dieser Krieg. Polen verlor 20 Prozent, die Sowjetunion 15 Prozent, Deutschland zwischen acht und elf Prozent der Bevölkerung. Die geplante Ausrottung der Juden kostete sechs Millionen Menschen das Leben und während des Krieges und in der unmittelbaren Nachkriegszeit gab es in Europa 50 Millionen Vertriebene.

Im Sommer 1942 erreichten die strategischen Bomber der Westalliierten Österreich und bombardierten Bahnhöfe, Industrieanlagen, aber auch Städte. In Wiener Neustadt verzeichneten 88 Prozent der Gebäude Treffer, 40 Prozent wurden zerstört, auch in Villach mit 85 Prozent und Klagenfurt mit 69 Prozent lag die Quote der Zerstörung sehr hoch. In Wien wurden durch Bombenkrieg und Kämpfe zu Kriegsende 1945 ca. 47.000 Häuser beschädigt und 6200 zerstört. Die Zahl der zivilen Opfer des Bombenkriegs war mit 8769 in Wien am höchsten, gefolgt von Graz und Linz, insgesamt schätzt man die Zahl der Toten bei den Luftangriffen auf 35.000 und jene der Verletzten auf 57.000. Im Zweiten Weltkrieg verlor Österreich 247.000 Männer, die im Krieg gefallen sind oder vermisst wurden.

55. Was waren die Folgen der Shoah für Österreich?

Die Rassenpolitik des Nationalsozialismus forderte auch in Österreich eine gewaltige Zahl an Opfern, ca. 65.000 »Juden« wurden ermordet. Viele gingen in die Emigration und kehrten nie wieder zurück. Auch andere Gruppen, z.B. politische Gegner oder Behinderte, wurden systematisch umgebracht.

Der rassische Antisemitismus, der nicht das religiöse Bekenntnis, sondern die biologische Abstammung als Kriterium nahm, das Menschen zu »Juden« machte, entstand im 19. Jahrhundert und erlebte in der Zeit des Nationalsozialismus seinen Höhepunkt. Mit dem Anschluss von 1938 galten die rassistischen »Nürnberger Gesetze«, die Juden aller Rechte beraubten, auch in Österreich. Die erste Phase der Verfolgung, Verhöhnung und Beraubung der Juden in Österreich ist stark vom Hass und der Gier der »Arier« (wie man die nicht-jüdische Bevölkerung nannte) geprägt. Systematische Judenverfolgungen, das Niederbrennen der Synagogen und die Plünderung jüdischer Geschäfte setzten mit dem geplanten Novemberpogrom ein, der von den Nationalsozialisten verharmlosend als »Reichskristallnacht« und spontaner Ausdruck des »deutschen Volkswillens« gedeutet wurde.

Auf dem Gebiet Österreichs lebten vor dem Anschluss ca. 206.000 Menschen, die aufgrund der nationalsozialistischen Nürnberger Gesetze als Jüdinnen und Juden galten. Sie waren bei der Bevölkerung nicht immer beliebt – auch im Austrofaschismus gab es Aktionen wie »Kauft nicht bei Juden« –, aber sie wurden nicht physisch verfolgt. Zwischen dem Anschluss und dem Beginn des Zweiten Weltkriegs war es – unter großen Schwierigkeiten – möglich, in die Emigration zu gehen, jene ca. 70.000, die 1939 noch im Lande waren, fielen großteils der Vernichtung in Konzentrationslagern (ca. 65.500 Menschen) zum Opfer, nur rund 5500 Österreicherinnen und Österreicher jüdischer Religion oder Herkunft überlebten die nationalsozialistische Herrschaft.

Neben den unfassbaren menschlichen Verlusten brachte die *Shoah* oder der Holocaust auch eine intellektuelle Veränderung ersten Ranges, denn viele jüdische Intellektuelle – Künstler, Ärzte, Richter, Hochschul- und Universitätsprofessoren u.a. – wurden aus dem

Dienst entlassen. Viele gingen in die Emigration, nur ganz wenige kehrten nach 1945 zurück. Als Beispiele seien Sigmund Freud, Franz Werfel, Arnold Schönberg oder Sir Karl Popper genannt.

Neben der am stärksten betroffenen jüdischen Bevölkerung waren noch viele andere Gruppen Ziel der nationalsozialistischen Verfolgung: Roma und Sinti (»Zigeuner«) wurden ermordet oder zwangssterilisiert, politische Gegner, vor allem Kommunisten und Sozialdemokraten, in Konzentrationslagern interniert und getötet und viele Angehörige der unterworfenen Völker Europas wurden Opfer der Politik der Nazis. Weitere Opfergruppen waren die Zeugen Jehovas oder die Quäker, die sogenannten »Asozialen«, die Homosexuellen und die geistig oder körperlich Behinderten, die man im Rahmen des Euthanasie-Programms systematisch tötete.

56. Wie erfolgte die Neugründung der Republik 1945?

Durch eine Reihe von positiven Zufällen kam es in Österreich noch vor Kriegsende zur Gründung der Zweiten Republik. Die Weichenstellungen der ersten Jahre bewahrten Österreich vor einer Teilung und etablierten das alte Parteiensystem erneut.

Die Moskauer Deklaration von 1943 versprach die Wiederherstellung Österreichs nach dem Sieg über Deutschland und schon im Jahr darauf sah man Besatzungszonen für Deutschland und Österreich vor. Im Frühjahr des Jahres 1945 rückten die sowjetische Rote Armee von Osten und die Armeen der Westalliierten von Westen her gegen Österreich vor.

Am 3. April 1945 sprach der in Gloggnitz wohnende Sozialdemokrat und Staatskanzler der Ersten Republik Karl Renner (1870–1950) beim Kommandanten der Roten Armee vor, um sich über das Verhalten der Soldaten zu beschweren. Er wurde ins Hauptquartier nach Hochwolkersdorf gebracht und trat von dort in brieflichen Kontakt mit Stalin.

Während in den meisten anderen von der Roten Armee von den Deutschen befreiten Ländern die Kommunisten, die den Krieg in Moskau verbracht hatten, die Regierung bildeten, kam in Österreich der dem rechten Flügel der Sozialdemokratie angehörende Karl Renner zum Zug. Noch einige Wochen vor Kriegsende bildeten sich drei Parteien neu: die Sozialistische Partei (SPÖ, ursprünglich Sozialdemokraten und Revolutionäre Sozialisten), die Österreichische Volkspartei ÖVP (aus den Christlichsozialen und dem deutschnationalen Landbund der Ersten Republik bestehend) und die Kommunistische Partei (KPÖ). Diese Gruppen bildeten unter der Führung Renners eine Konzentrationsregierung, die allerdings zunächst nur von den Sowjets anerkannt wurde, obwohl sie den Anspruch auf ganz Österreich erhob.

Mit der Proklamation der österreichischen Unabhängigkeit am 27. April 1945 begann die Zweite Republik, die am 8. Mai die Nationalsozialisten verbot und ein Rechtsüberleitungsgesetz beschloss. Nach der Salzburger Länderkonferenz und der Anerkennung der Regierung Renner durch den Alliierten Rat für ganz Österreich am 20. Oktober 1945 war eine erste Gefahr der Teilung des Landes gebannt.

Die ersten freien Wahlen seit 15 Jahren fanden am 25. November 1945 unter eigenartigen Umständen statt: Die ehemaligen Nationalsozialisten waren vom Wahlrecht ausgeschlossen und viele Kriegsgefangene waren nicht im Land und konnten daher nicht wählen. Überraschend war, dass die Bevölkerung an den alten Parteien festhielt: Die ÖVP erreichte – trotz der austrofaschistischen Phase der Ersten Republik – 85 Mandate, die SPÖ 76 und die KPÖ nur vier Mandate. Für das schlechte Abschneiden der Kommunisten wird vor allem das Benehmen der Soldaten der Roten Armee, die sich durch Vergewaltigungen und Plünderungen nicht gerade die Sympathien der Bevölkerung erworben hatten, verantwortlich gemacht. Nach der Wiedereingliederung der »minderbelasteten« Nationalsozialisten in die Gesellschaft wurde auch das »Dritte Lager« wieder begründet: Der Verband der Unabhängigen (VDU), der später in die FPÖ (und alle ihre Absplitterungen) überging, wurde 1949 gegründet.

57. Wer waren die »Vier im Jeep«?

Die Besatzungsmächte teilten Österreich in vier Zonen auf, nur die Wiener Innenstadt war gemeinsames Gebiet. Die Besatzung, deren Symbol die »Vier im Jeep« wurden, dauerte zehn Jahre und kostete die Österreicher viel Geld.

Die Besatzungszonen Österreichs wurden schon während des Krieges festgelegt, da die Sowjetarmee jedoch schneller vorrückte als gedacht, wurde zunächst ein größerer Teil des Landes von den Russen besetzt als geplant. Die Westalliierten überschritten erst Ende April bzw. Anfang Mai 1945 die österreichischen Grenzen. Erst mit dem 1. September wurden die Besatzungszonen endgültig geregelt.

Die Sowjetunion besetzte das Burgenland, Niederösterreich und den Teil Oberösterreichs nördlich der Donau (das Mühlviertel), die Amerikaner Oberösterreich südlich der Donau und Salzburg, die Briten die Steiermark und Kärnten und die Franzosen Tirol und Vorarlberg. Die Situation in Wien wurde speziell geregelt. Die Bezirke 2, 4, 10, 20, 21 und 22 waren Sowjetzone, 7, 8, 9, 17, 18 und 19 amerikanische, 3, 5, 11, 12 und 13 britische und 6, 14, 15 und 16 französische Besatzungszone. Die Innenstadt, der erste Wiener Gemeindebezirk, war von den Alliierten gemeinsam besetzt; das war das letzte sichtbare Zeichen der Zusammenarbeit im Kalten Krieg. Der Vorsitz in der *Kommandantura* wechselte ebenso wie jener bei den »Vier im Jeep«, vier Militärpolizisten der vier Besatzungsmächte, die in einem Wagen in der Inneren Stadt auf Streife fuhren. Diese »Vier im Jeep« (es gibt auch einen berühmten Film dazu!) wurden zum Schlagwort für die Besatzungszeit in Österreich. In den anderen Bezirken Wiens und natürlich auch in den Bundesländern waren die Militärstreifen immer nur von der jeweiligen Besatzungsmacht bestückt.

Bei den Zonengrenzen auch innerhalb Wiens standen Hinweistafeln, dass man die jeweilige Zone verließ, und bis 1953 war ein viersprachiger Identitätsausweis zum Überschreiten der Demarkationslinie erforderlich. Für die Kosten der Besatzung musste Österreich aufkommen. Ende 1945 waren noch 200.000 Russen, 65.000 Briten, 47.000 Amerikaner und 40.000 Franzosen in Österreich, 1955 waren es immerhin noch 40.000 Sowjets und 20.000 Westalliierte.

Renners oft zitierter Spruch von den »vier Elefanten in einem zu kleinen Boot« charakterisierte die Situation trefflich.

58. Wie ging die Zweite Republik mit dem Erbe der Vergangenheit um?

Das lange Festhalten an der These, dass Österreich ein Opfer des Nationalsozialismus war, und die letztlich fehlgeschlagene Entnazifizierung führten dazu, dass eine Aufarbeitung des NS-Terrors erst spät einsetzte. Ein kritischer Umgang mit dem Austrofaschismus ist erst im Werden.

Nach dem Ende des nationalsozialistischen Systems einigten sich die drei regierenden Parteien der Zweiten Republik auf einen »antifaschistischen« Konsens, der allerdings das Thema des Austrofaschismus ausklammerte. Was die Verantwortung für die Verbrechen des NS-Regimes anbelangt, zog man sich auf die von der Moskauer Deklaration der Alliierten geradezu angebotene »Opferthese« zurück (*Austria, the first free country to fall a victim to Hitlerite aggression*); als Opfer war man natürlich unschuldig.

Zunächst wurde der Verbrechen der Shoah und auch der Opfer des Widerstands gegen den Nationalsozialismus gedacht, das österreichische Konzentrationslager Mauthausen, in dem 100.000 Menschen den Tod gefunden hatten, wurde 1947 zu einer Mahn- und Gedächtnisstätte der Republik Österreich, während in den Nebenlagern (wie Ebensee, Gusen etc.) die Aufarbeitung erst sehr spät erfolgte. Erinnerungsorte, Denkmäler und Straßenbezeichnungen nach Kriegsgegnern oder -opfern wurden in der Zeit von 1945 bis 1955 eher in sozialistisch regierten Orten errichtet oder vorgenommen, wo auch der Opfer des Austrofaschismus gedacht wurde. Nach 1955 nahmen diese Aktivitäten deutlich ab.

Ähnliche Tendenzen sind im Umgang mit den ehemaligen Nationalsozialisten zu sehen. Unmittelbar nach dem Krieg wurden alle Parteimitglieder und Parteianwärter sowie Mitglieder von NS-Organisationen wie z. B. der SS registriert – in Österreich waren das überdurchschnittlich viele Menschen, ca. 600.000! Den Kriegsverbrechern – sofern sie nicht in Nürnberg von den Alliierten abgeurteilt wurden oder nicht mehr auffindbar waren – wurde der Prozess gemacht, doch allmählich wurden die Prozesse immer weniger und die Urteile immer milder. Wer Berufsverbot hatte, wie Richter, Lehrer, Universitätsprofessoren etc., kehrte aufgrund des Mangels an Fachkräften schon bald wieder in diese Institutionen zurück. Gegen dieses Vergessen kämpfte vor allem Simon Wiesenthal (1908–2005) an, der zum Symbol der Aufarbeitung der Vergangenheit wurde.

Mit der Affäre rund um die Bundespräsidentschaftskandidatur von Kurt Waldheim (1918–2007) und dem Aufstieg Jörg Haiders (1950–2008) 1986 veränderte sich das politische Klima in Österreich und die Vergangenheit wurde kritisch diskutiert, was sich vor allem ab 1988 (50 Jahre Anschluss) deutlich äußerte.

Gab es für die jüdischen Opfer des Nationalsozialismus zunächst nur ein Denkmal aus dem Jahr 1946 in der Eingangshalle des Stadttempels, so wurden mit den Holocaust-Denkmälern von Alfred Hrdlicka (1928–2009) und Rachel Whiteread (geb. 1963) zwei große Denkmäler in Wien errichtet, auch eine beträchtliche Zahl an kleineren Gedenktafeln wurde angebracht und die Aufarbeitung der Vergangenheit begann. Zunehmend wurden auch andere verfolgte Gruppen (Roma, Behinderte etc.) in dieses Gedächtnis einbezogen.

Ganz anders verliefen das Gedenken an und die Aufarbeitung der Zeit des Austrofaschismus. Die meisten nach der Ermordung von Engelbert Dollfuß (1892–1934) errichteten Erinnerungsorte wurden 1938 beseitigt, einige nach 1945 allerdings wieder errichtet (z. B. Straßennamen in Niederösterreich). Der Grund liegt darin, dass über die Verurteilung des Nationalsozialismus bei den Parteien Österreichs (mit Ausnahme des rechten Flügels der FPÖ) Einigkeit besteht, während die Zeit von 1934 bis 1938 von SPÖ und ÖVP ganz verschieden gesehen wird. Dollfuß ist für die Linken ein Faschist, der die Demokratie in Österreich zerstört hat, und für die ÖVP ein Patriot und Märtyrer des Nationalsozialismus. Seitens der Geschichtsforschung beginnt in den letzten Jahren allerdings eine kritische Aufarbeitung dieser Periode, die hoffentlich auch ins öffentliche und politische Bewusstsein wirken wird.

59. Was bedeutete der Staatsvertrag?

Der Staatsvertrag von 1955 stellte die volle Souveränität Österreichs wieder her und beendete die alliierte Besetzung. Österreich musste dafür eine Reihe von Punkten (Anschlussverbot, Minderheitenschutz etc.) garantieren. Die Neutralität ist keine Bestimmung des Staatsvertrages.

Schon unmittelbar nach Kriegsende begannen Verhandlungen der Alliierten mit Österreich über einen Staatsvertrag – also eine Art Sonderfrieden –, die sich allerdings lange hinzogen. Hauptproblem waren die Spannungen im Kalten Krieg, vor allem die ablehnende Haltung der Sowjetunion und das sogenannte »deutsche Eigentum« (Grundbesitz, der vor 1938 Deutschen gehört hatte, sowie alles, was zwischen 1938 und 1945 von Deutschen käuflich erworben oder gebaut worden war). Letztlich wurde erst nach dem Tod Stalins 1953 der Weg für einen Staatsvertrag frei, wobei der angestrebten Neutralität Österreichs ein hoher Stellenwert zukam.

Am 15. Mai 1955 konnte der Staatsvertrag dann von den Außenministern der vier Siegermächte (Wjatscheslaw Michailowitsch Molotow für die Sowjetunion, Harold Macmillan für Großbritannien, John Foster Dulles für die USA, Antoine Pinay für Frankreich und Leopold Figl für Österreich) im Belvedere in Wien unterzeichnet werden. Damit war Österreich als vollständig souveräner Staat wiederhergestellt.

Österreich verpflichtete sich zum Anschlussverbot (was auch den Beitritt zur Europäischen Wirtschaftsgemeinschaft, dem Vorläufer der EU, einschloss), zur Gewährleistung der Minderheitenrechte, zur Demokratie, zum Kampf gegen die Wiederbetätigung der Nationalsozialisten, zur Einhaltung der Habsburgergesetze und einiger anderer kleinerer Bestimmungen. Im Gegenzug wurden die Truppen der Besatzungsmächte abgezogen. Die immerwährende Neutralität war keine Bestimmung des Staatsvertrages, sondern wurde am 26. Oktober 1955 von Parlament beschlossen.

60. Wie funktionierte die Sozialpartnerschaft?
Die lange dauernde Große Koalition und das System der Sozialpartnerschaft stabilisierten die politische und gesellschaftliche Situation im Lande und förderten das wirtschaftliche Wachstum. Negatives Element dieser Politik war das Proporzsystem.

Im Gegensatz zur Ersten Republik war das politische Klima der Zweiten Republik relativ stabil. Die beiden Großparteien SPÖ und ÖVP hatten sich stark entideologisiert, die katholische Kirche weitgehend aus der Politik zurückgezogen und auch der wirtschaftliche Aufschwung des Wiederaufbaus – eine Art österreichisches Wirtschaftswunder – beruhigte die Lage. ÖVP und SPÖ blieben 21 Jahre lang in einer Großen Koalition, die über eine satte Mehrheit verfügte.

In dieser Zeit etablierte sich das System der Sozialpartnerschaft, das Österreich lange Zeit charakterisierte. Eine Zusammenarbeit der Sozialpartner (Arbeiterkammer, Gewerkschaftsbund, Wirtschaftskammer, Landwirtschaftskammer), die jeweils die Interessen verschiedener Personengruppen vertraten, bildete die Grundlage für eine wirtschaftliche Stabilität, da soziale Konflikte am grünen Tisch gelöst werden konnten. Da die Sozialpartner eng mit den politischen Parteien verbunden waren – AK und ÖGB rot, Wirtschafts- und Landwirtschaftskammer schwarz –, funktionierte das System klaglos. Nachteile dieser auf den beiden Großparteien aufgebauten Stabilität waren die Nicht-Austragung sozialer Konflikte und vor allem das Proporzsystem, das die gesamte Gesellschaft durchzog. Jede Position im Staat, vom Bankmanager bis zur Volksschullehrerin, war politisch definiert, wurde entweder paritätisch besetzt oder war als rot oder schwarz festgelegt.

Die wirtschaftliche Lage Österreichs besserte sich – nicht zuletzt durch die politische und soziale Stabilität – enorm, doch die Spannungen in der Koalition wuchsen, und als die ÖVP 1966 einen großen Wahlsieg einfahren konnte, entschloss sie sich zu einer Alleinregierung. Doch die Nachwirkungen der Sozialpartnerschaft überlebten auch die wechselnden Regierungsformen nach 1966. Erst die schwarzblaue Regierung nach 2000 griff tief in dieses System ein. Sie bekämpfte auch den Proporz, jedoch in erster Linie zur Umpolitisierung von einer rot-schwarzen hin zu einer blau-schwarzen Proporzpolitik. Mittlerweile ist erneut eine »Große Koalition« an der Macht, was wieder zu einer rot-schwarzen Proporzwirtschaft führte. Allerdings ist sie im Zeichen eines kritischen Journalismus nicht mehr in allen Fällen so offen und selbstverständlich wie vor 1966.

61. Wie veränderte sich die Gesellschaft nach 1945?

Der hohe Lebensstandard, die technologischen Veränderungen und die neue Rolle der Jungen und der Frauen unterscheiden die Gesellschaft nach 1945 wesentlich von der Zeit davor.

Die rasante und positive wirtschaftliche Entwicklung nach 1945 brachte bald einen bisher unbekannten Wohlstand, in dessen Genuss (mit wenigen Ausnahmen) alle Schichten der Bevölkerung kamen. Die Löhne stiegen doppelt so stark wie die Preise, die Altersversorgung wurde ausgedehnt und die Pensionen erhöht, sodass viele Dinge wie größere Wohnungen, Autos und Urlaube erschwinglich wurden. Waren beispielsweise 1950 nur 51.000 PKW in Österreich zugelassen, so stieg deren Zahl bis Ende 2011 auf 4,5 Millionen. Der große Infrastukturausbau bis in die 1970er-Jahre (Kraftwerke, Straßen und Autobahnen etc.) war geprägt von einem uneingeschränkten Fortschrittsglauben. Erst in den späten 1970er-Jahren (Atomkraftwerk Zwentendorf; vgl. Frage 63) entstand ein ökologisches Umweltbewusstsein.

Auch die Lebensformen änderten sich schnell. Die Zahl der Eheschließungen ging zurück, die traditionelle Ehe war nur noch *eine* Form des Lebens, auch Wohngemeinschaften, Singles oder eheähnliche Verhältnisse zwischen gleichgeschlechtlichen Partnern wurden häufiger.

Einen wesentlichen Einfluss auf die Lebensformen hatten und haben die technischen Neuerungen. Waschmaschine und Staubsauger, Auto und Flugzeug, Telefon und Computer und in neuester Zeit Handy und Internet haben die Lebensumstände in einer so gewaltigen Weise verändert, wie das innerhalb so kurzer Zeit in der Geschichte bislang noch nie der Fall war.

Zwei Gruppen der Gesellschaft waren von den Veränderungen besonders stark betroffen. Seit den 1960er-Jahren entstand ein neues Bewusstsein der Jugend, die sich von den traditionellen Vorbildern entfernte und gegen die alte Generation – besonders seit der Studentenrevolte 1968 – aufmuckte. Daraus entwickelte sich eine neue Jugendkultur, die stark unter dem Einfluss Amerikas stand (Coca-Cola, McDonald's, amerikanische Musik und Serien).

Die zweite Gruppe der österreichischen Gesellschaft, die sich stark veränderte, waren die Frauen. Nach 1945 wurden sie nicht – wie nach 1918 – aus der Wirtschaft verdrängt, ja man könnte sogar plakativ sagen, dass der Wiederaufbau eine Leistung der Frauen war. Auch die Emanzipation der Frauen schritt voran, besonders in der langen Regierungszeit von Bruno Kreisky (1911–1990) verbesserte sich ihre Rechtsstellung. Die Zahl der Politikerinnen blieb aber stets gering; so ist jene der weiblichen Abgeordneten zwar seit den 1980er-Jahren leicht angestiegen, liegt mit ca. 27 Prozent aber noch immer weit unter dem Anteil der Frauen an der Bevölkerung. Die erste Ministerin gab es mit Sozialministerin Grete Rehor (1910–1987) in der Regierung von Josef Klaus (1910–2001) in den Jahren 1966–1970, erst seit 1979 gab es ein Staatssekretariat für Frauenfragen, das Johanna Dohnal (1939–2010) als eine der führenden Vertreterinnen der Frauenbewegung repräsentierte. Die erste Vizekanzlerin war Susanne Riess-Passer (geb. 1961) in der schwarz-blauen Regierung ab 2000 und bei den Bundespräsidentschaftswahlen kandidierten zwar immer wieder Frauen, waren aber bislang noch nicht erfolgreich.

Während in vielen Bereichen der Anteil der Frauen anstieg (Schulen, Universitäten etc.), sind bis heute relativ wenige in Führungspositionen der Wirtschaft zu finden. Auch die alten Forderungen nach gleichem Lohn bei gleicher Arbeit sind noch lange nicht erfüllt. Es bleibt also noch einiges auf dem Gebiet der Emanzipation zu tun.

62. Welche Reformen prägen die Ära Kreisky?

Reformen der Gesellschaft in Richtung einer stärkeren Demokratisierung, die Reform des unzeitgemäßen Familienrechts und eine einschneidende Liberalisierung des Sexualstrafrechts (von der Straffreiheit der Homosexualität bis zur Abtreibung) charakterisieren die 1970er-Jahre.

Die lange Regierungszeit Bruno Kreiskys (1911–1999) von 1970 bis 1983 stand sehr stark unter dem Motto der Reform und des Ausbaus des Wohlfahrtsstaates, was bis zur »Ölkrise« Mitte der 1970er-Jahre unter den Vorzeichen von Wirtschaftsboom und Aufschwung sehr gut möglich war. Viele der Reformen wurden auch von nicht der SPÖ nahestehenden Bürgern mitgetragen, ein oft gehörtes Schlagwort der Zeit war: »Ein Stück des Weges gemeinsam gehen.«

Im Anschluss an ein 1969 von der SPÖ initiiertes Volksbegehren zur Arbeitszeitverkürzung von 43 auf 40 Stunden kam es 1974 zu einer entsprechenden Regelung. Auch die Erhöhung der Pensionen und diverse Zuschüsse (Heiratsprämie, Geburtsgeld), eine Verkürzung des Wehrdiensts von neun auf sechs Monate (1971) und die Durchsetzung des Zivildienstes (1975) kamen bei der Bevölkerung gut an.

Das Kernstück der Reformen war allerdings die Strafrechtsreform unter Justizminister Christian Broda (1916–1987), die eines der bedeutendsten Ereignisse der österreichischen Rechtsgeschichte darstellt. Ein Teil der Reform griff liberalisierend in das Sexualstrafrecht ein, die Straffreiheit von Homosexualität zwischen Erwachsenen (*consenting adults*), die Entkriminalisierung von Ehestörung und Ehebruch, die praktische Freigabe von Pornografie und vor allem die Möglichkeit des straffreien Schwangerschaftsabbruchs (Fristenlösung, 1975) wurden von den Kirchen und den konservativen Parteien abgelehnt und verteufelt. Die »Aktion Leben«, die gegen den Schwangerschaftsabbruch argumentierte, hielt Großkundgebungen ab und ein Volksbegehren gegen die Fristenlösung im Jahr 1975 erhielt 896.579 Stimmen.

Durch die Familienreform kam es zu einer Reihe von Besserstellungen von Frauen und Kindern (Ehegattenrecht, neues Ehescheidungsrecht, Gleichstellung unehelicher und ehelicher Kinder), Mütter wurden in vieler Hinsicht den Vätern rechtlich gleichgestellt, Frauen konnten sich aus der Bevormundung der Männer lösen, z. B. konnten sie arbeiten gehen, ohne ihren Ehemann um Erlaubnis fragen zu müssen.

Auch im Bereich des Schul- und Universitätswesens kam es zu Reformen. Die Aufnahmeprüfung für die Allgemeinbildenden Höheren Schulen (AHS) wurde abgeschafft, die Errichtung Höherer Schulen in den Bezirkshauptstädten machte den Zugang zur höheren Bildung für Kinder außerhalb der großen Städte leichter. Die 1971 eingeführte Schülerfreifahrt, der Wegfall des Schulgelds und Gratisschulbücher sollten Kindern aus ärmeren Familien die Ausbildung ermöglichen. Die Reformen im Bildungsbereich folgten dem politischen Slogan der »Demokratisierung aller Lebensbereiche« und gipfelten im Schul- und im Universitätsorganisationsgesetz. Die Mitbestimmung von Eltern und Schülern im Schulbereich sowie von Assistenten (Mittelbau) und Studenten an der Universität demokratisierte weite Lebensbereiche.

63. Welche Bedeutung hatten die Volksabstimmung über das Kernkraftwerk Zwentendorf und die Besetzung der Hainburger Au für Österreich?

Die Mobilisierung des Widerstands gegen das Atomkraftwerk Zwentendorf 1978 und die geplante Vernichtung der Hainburger Au durch einen Kraftwerkbau 1984 hatten Folgen für die Umwelt, führten aber auch dazu, dass die Ökologie eine größere Rolle in der politischen Diskussion spielte, und zur Etablierung der Grünen im politischen System.

1972 wurde in Österreich – einem europäischen Trend folgend – in Zwentendorf in Niederösterreich mit dem Bau eines Kernkraftwerkes begonnen. Zu Baubeginn waren die Menschen in einer Fortschrittsgläubigkeit verhaftet, in der Kernenergie als saubere (und völlig ungefährliche) Energie galt. Als das Kernkraftwerk 1978 eröffnet werden sollte, hatte die Stimmung der Menschen umgeschlagen, zunehmend wurden die Gefahren eines Atomkraftwerkes gesehen und thematisiert. Die Einstellung zu Zwentendorf innerhalb der Parteien war nicht einhellig, Teile der SPÖ und der Gewerkschaften, vor allem Anton Benya (1912–2001, von den Kernkraftgegnern »Atomya« genannt), waren ebenso wie der ÖVP-Wirtschaftsbund für die Inbetriebnahme, andere Teile der jeweiligen Partei dagegen. Aber so einfach war die Sache nicht, gingen die Grenzlinien zwischen Befürwortern und Gegnern Zwentendorfs doch quer durch Familien. Ein gutes Beispiel ist Bundeskanzler Bruno Kreisky (1911–1990), der ein Befürworter der Kernenergie war, während sein Sohn Peter (1944–2010) als Aktivist der Anti-Atom-Bewegung angehörte.

Um diese Diskussion aus dem Wahlkampf herauszuhalten, führte die Regierung Kreisky eine Volksabstimmung durch, in der sich die Bevölkerung mit 50,5 Prozent der Stimmen gegen die Inbetriebnahme von Zwentendorf aussprach. Damit wurde Österreich zu einem atomfreien Staat. Langfristig ebenso wichtig ist, dass die Fortschrittsgläubigkeit infrage gestellt wurde, man dachte zunehmend an die Langzeitfolgen und Kosten technologischer Veränderung.

Noch deutlicher wurde dies, als die Österreichische Donaukraftwerke AG ein Wasserkraftwerk plante, bei dessen Verwirklichung die Hainburger Au, die viele seltene Tierarten beherbergt, verschwunden wäre. 1984 wurde mit den Rodungsarbeiten in der Stopfenreuter Au begonnen. Massiver Widerstand aus allen Berufs- und Altersgruppen sowie politischen Parteien formierte sich. Berühmt ist die Pressekonferenz der Tiere, in der Günther Nenning (1921–2006) als roter Auhirsch, Jörg Mauthe (1924–1986) als Schwarzstorch, der Chef der Jungen FPÖ Hubert Gorbach (geb. 1956) als Blaukehlchen, der Schriftsteller Peter Turrini (geb. 1944) als Rotbauchunke und Othmar Karas (geb. 1957) als Kormoran auftraten. Die Hainburger Au wurde besetzt und die Rodungsarbeiten dadurch verhindert. Die Regierung musste nachgeben und letztendlich wurde die Hainburger Au zum Nationalpark Donau-Auen.

Nicht nur für den Umweltschutz und die Energiepolitik hatte das nachhaltige Folgen, sondern die Besetzung der Hainburger Au hatte auch demokratiepolitische Auswirkungen. Die grüne Bewegung, die schon davor bestand, erhielt Auftrieb, wurde neu positioniert und konnte bei den Wahlen 1986 unter Freda Meissner-Blau (geb. 1927) acht Mandate erringen. Seit der »Hainburger Au« sind ökologische Fragen für die österreichische Politik von Bedeutung und die Grünen haben sich als politische Kraft neben den traditionellen Parteien etabliert.

64. Welche Wendepunkte gibt es in der Geschichte der Zweiten Republik?

Neben dem Wechsel unterschiedlicher Allein- und Koalitionsregierungen ab 1966 war sicherlich das Jahr 1986 mit der Waldheim-Affäre und dem Aufstieg Jörg Haiders ein Wendepunkt der politischen (Un-)Kultur in Österreich.

Viele Einschnitte in der langen Geschichte der Zweiten Republik haben das politische System verändert. Nach dem besonders wichtigen Staatsvertrag 1955 ist vor allem das Jahr 1966 zu nennen. Nach der Wahl, die einen Sieg der ÖVP mit absoluter Mehrheit brachte, endete die 21 Jahre dauernde Große Koalition aus ÖVP und SPÖ und es kam zunächst zu einer »schwarzen« Alleinregierung. Das war der Beginn eines Wechsels der Regierungsformen in Österreich. Auf vier Jahre ÖVP-Alleinregierung folgten 1970 eine kurze SPÖ-Minderheitenregierung und dann von 1971–1983 die Alleinregierung der SPÖ unter Bruno Kreisky (1911–1990). Daran schloss sich eine Koalition aus SPÖ und FPÖ an, die zu dieser Zeit unter Norbert Steger (geb. 1944) eher liberal als national orientiert war.

Ein anderer, sicherlich entscheidender Wendepunkt in der Geschichte der Zweiten Republik war das Jahr 1986, in dem sich das politische Klima des Landes dramatisch veränderte. Zwei Ereignisse waren dafür ausschlaggebend. Im Wahlkampf um die Bundespräsidentenwahl kandidierte Kurt Waldheim (1918–2007), der schon in der ÖVP-Alleinregierung österreichischer Außenminister gewesen war und 1971 die Bundespräsidentenwahl gegen Franz Jonas (1899–1974) verloren hatte. Danach war er UNO-Generalsekretär gewesen. Seine Vergangenheit im Zweiten Weltkrieg und seine Nähe zum

Nationalsozialismus lösten im In- und Ausland heftige Diskussionen aus, bei denen eine starke Polarisierung zwischen linken und rechten Kräften und eine antisemitisch gefärbte Propaganda von Seiten der ÖVP die Wogen der Emotionen hochgehen ließen. Positive Folgen der Waldheim-Affäre waren die verstärkte Auseinandersetzung mit der NS-Vergangenheit Österreichs und ein Abgehen von der bequemen Opferthese im Umgang mit der Zeit von 1938 bis 1945.

Eine langfristig noch stärkere Polarisierung der österreichischen Politik bewirkte die Wahl des rechts stehenden Jörg Haider (1950–2008) zum Chef der FPÖ. Die Koalition mit dieser Partei wurde von der SPÖ aufgekündigt, Haider galt – zunächst beiden Großparteien – als nicht koalitionsfähiger Partner. In der Folge zog Haider, dessen rechte Äußerungen zum Nationalsozialismus immer ein heißes Thema waren, die Themenführerschaft an sich und gewann von Wahl zu Wahl immer mehr Stimmen. Bei der Nationalratswahl 1999 wurde die FPÖ zweitstärkste Partei und bildete mit der ÖVP unter Wolfgang Schüssel (geb. 1945) eine schwarz-blaue Koalition. Diese – wie sich später herausstellte – stark korrupte Regierung der Konservativen löste Widerstand im In- und Ausland aus (Donnerstagdemonstrationen und EU-Sanktionen gegen Österreich).

Beide Ereignisse vergifteten das politische Klima im Lande langfristig, führten zu rauen Tönen in der Politik und stellten sicherlich einen Wendepunkt in der Geschichte der Zweiten Republik dar.

65. Wie ist die Situation Österreichs als Mitglied der EU heute?

Der Beitritt Österreichs zur EU im Verein mit dem Fall des Eisernen Vorhangs hat die Situation der Republik zweifellos verändert, wobei viele Vorteile und einige Nachteile dieser neuen Situation aufgezeigt werden können.

Einer der langfristig sicherlich entscheidenden Prozesse nach 1945 war die schrittweise Einigung Europas zu dem, was heute die Europäische Union mit 28 Mitgliedsstaaten darstellt. Ausgehend vom Plan des französischen Außenministers Robert Schuman

(1886–1963) und der Europäischen Gemeinschaft für Kohle und Stahl 1950 schritt das Projekt langsam voran. Bis zum Fall des Eisernen Vorhangs 1989 und der Wiedervereinigung Deutschlands im Jahr darauf war Österreich von dieser Entwicklung ausgeschlossen. Erst danach war der Weg in die Europäische Gemeinschaft frei, der davor durch das Veto der Sowjets (über das Argument des Anschlussverbots) blockiert wurde. Nach einer Volksabstimmung 1994, die eine solide Mehrheit für den Beitritt brachte, konnte Österreich am 1. Jänner 1995 als vollwertiges Mitglied der EU beitreten. Seit 1. Jänner 1999 (bzw. in der Realität seit 2002) ist Österreich auch ein Euro-Land, die Umsetzung des Schengen-Abkommens erfolgte 1997.

Der Beitritt zur EU wurde zwar ursprünglich von zwei Dritteln der österreichischen Bevölkerung begrüßt, mit der Zeit aber wurde – nicht zuletzt aufgrund des Einflusses EU-feindlicher Medien und Parteien – Kritik an der EU laut. Veränderungen wie etwa die offenen Grenzen durch die Ost-Erweiterung wurden vor allem von der FPÖ instrumentalisiert und mit der EU in Zusammenhang gebracht. Dass fast eine Viertelmillion Österreicherinnen und Österreicher im Ausland arbeiten, wird dabei gerne übersehen.

Die Zahlungen Österreichs nach Brüssel und die Tatsache, dass viele Entscheidungen dort getroffen werden, gaben ebenfalls Anlass zu einer negativen Stimmung.

Die Vorteile der EU wurden weniger gesehen. Der große Gewinn für die österreichische Wirtschaft, die sich internationalisiert hat, stark gewachsen ist und auch von der Osterweiterung profitiert hat, oder die Fortschritte auf dem Gebiet der Sicherheitspolitik sowie die Bildungs- und Forschungsmobilität, die viele Vorteile für die Studierenden bringt, wurden wenig beachtet. Ein für vermutlich jeden einzelnen Bürger Österreichs nachvollziehbarer Vorteil ist der Wegfall der Zölle und Grenzkontrollen. Sehr rezent hat auch die Finanzkrise, vor allem die Zahlungen für den Rettungsschirm für Griechenland und andere Staaten, für Unmut gesorgt, weil es dabei nicht nur um die Steuergelder der Österreicher, sondern auch um die Sicherheit der Währung geht. Von einzelnen Parteien geplante Ausstiegsszenarien aus der EU scheinen jedenfalls unrealistisch.

66. Welche Bedeutung hatten Natur, Kultur und Sport für das Konstrukt der österreichischen Identität?

Die Betonung des großen kulturellen Erbes, die Hervorhebung der Schönheit der österreichischen Landschaft und der besonders identitätsstiftende Sport, vor allem das Schifahren, wurden nach 1945 systematisch für die Konstruktion und Popularisierung der österreichischen Nation eingesetzt.

Der klein gewordene Staat nach 1918 definierte sich sehr stark über die Kultur nach dem Motto: ein kleiner, machtloser, wirtschaftlich schwacher Staat, aber eine große kulturelle Tradition. Man betonte dabei vor allem die Musik. Der in Salzburg geborene Europäer Wolfgang Amadé Mozart (1756–1791) wurde zur Leitfigur der kulturellen Größe der Vergangenheit, aber auch Josef Haydn (1732–1809), Franz Schubert (1797–1828) und andere – darunter viele nicht aus Österreich stammende Komponisten wie Ludwig van Beethoven (1770–1827) oder Johannes Brahms (1833–1897) – wurden in dieses Konstrukt eingebunden. Die Kunst, vor allem die barocke Baukunst der Klöster und Paläste, wurde ebenfalls betont, was natürlich den regierenden Christlichsozialen ein besonderes Anliegen war. Da viele der heute als bedeutend geltenden Schriftsteller des *Fin de Siècle* jüdischer Herkunft waren, wurden sie im antisemitischen Klima der Ersten Republik nicht als Repräsentanten des kulturellen Erbes hervorgehoben.

Eine ähnliche Betonung der spezifisch österreichischen Kultur erfolgte auch nach 1945. Allerdings wurden in dieser Zeit die großen Österreicher jüdischer Herkunft, die man wenige Jahre zuvor noch ins Exil getrieben oder zumindest ihre Bücher verbrannt hatte, in die Bemühungen um die Schaffung einer österreichischen Identität einbezogen.

Neben diesen kulturellen Aspekten spielte im Identitätskonstrukt der Zweiten Republik, das sich klar von der »deutschen« Identität der Vorkriegszeit abgrenzte und nach der Zeit des Nationalsozialismus auch abgrenzen wollte und musste, die Landschaft eine besondere Rolle. Berge und Seen, aber auch die Donau und die Städte des Landes wurden hervorgehoben und nicht nur touristisch vermarktet.

Die Wachau oder Bad Ischl waren Schauplätze vieler Heimatfilme, die ebenfalls zu dieser Stärkung nationaler Identität beitrugen.

Eng mit der Landschaft verbunden war auch die Betonung des Sports, vor allem natürlich des Schisports, in dem Österreicherinnen und Österreicher in der Zweiten Republik große Leistungen brachten. Toni Sailer (1935–2009) und Anderl Molterer (geb. 1931) waren in den 1950er-Jahren sehr erfolgreich und stärkten das »nationale« Bewusstsein der Österreicher. Einen Höhepunkt erlebte diese Identifikation mit dem österreichischen Schisport im Jahre 1972, als Karl Schranz (geb. 1938) wegen eines Verstoßes gegen das Amateurgesetz vom Präsidenten des Internationalen Olympischen Komitees Avery Brundage von den Winterspielen in Sapporo ausgeschlossen wurde. Eine Welle nationaler Empörung ging durch das Land, man hatte einen Helden (ebenfalls in einer Opferrolle, die ja in Österreichs Umgang mit der Vergangenheit sehr populär war) und mit Avery Brundage auch ein Feindbild. Die Rückkehr von Karl Schranz aus Japan mobilisierte Politik und Massen, er wurde unter Beteiligung ranghoher Politiker und einiger Zehntausend Menschen im Triumphzug zum Heldenplatz geführt und von Bundeskanzler Kreisky begrüßt. Auch in der Folge waren die österreichischen Schifahrerinnen und Schifahrer – Annemarie Moser-Pröll, Franz Klammer, Hermann Maier u. v. a. m. – Identifikationsfiguren schlechthin.

Eine kleine Episode ohne sportliche Bedeutung ist für viele auch heute noch ein Angelpunkt in der Identifikation mit der »österreichischen Nation«. Bei der Weltmeisterschaft 1978 in Córdoba (Argentinien) war Österreich bereits chancenlos, als es im letzten Spiel auf Deutschland traf, das bei einem Sieg noch in die Finalrunde einziehen hätte können. Österreich siegte 2:3 durch ein Tor von Hans Krankl, das vor allem durch die Rundfunkreportage von Edi Finger (»Tooor, Tooor, Tooor, Tooor, Tooor, Tooor, i wer narrisch«) Berühmtheit erlangte. Der Sieg gegen den großen Bruder – die deutschen Medien sprachen von »Schmach« – trug erheblich zu einer Ideologisierung des »Wunders von Córdoba« bei, womit dieses Ereignis Bestandteil des österreichischen Identitätskonstrukts wurde.

67. Welche Filme prägen das Bild Österreichs im In- und Ausland?

Die erfolgreichste Werbung für Österreich betrieb der amerikanische Film *Sound of Music*, der voller Klischees ist. Auch die Heimatfilme der 1950er- und 1960er-Jahre vermitteln ein positiv besetztes Bild des Landes und seiner Vergangenheit.

Einer der ersten Filme, die sich nach 1945 mit Österreich beschäftigen, gilt noch heute als Klassiker, es ist *Der dritte Mann* (Originaltitel: *The Third Man*) von Carol Reed aus dem Jahr 1949. Die spannende Geschichte des Schwarz-Weiß-Films spielt im zerstörten Wien, das Drehbuch stammte vom bekannten amerikanischen Autor Graham Greene und die Hauptrollen waren mit Joseph Cotten, Alida Valli und Orson Welles prominent besetzt. Die Verfolgungsjagd in der Kanalisation von Wien ist ebenso legendär geworden wie das auf der Zither von Anton Karas (1906–1985) gespielte Harry-Lime-Thema. Auch der Schweizer Film *Die Vier im Jeep* (Regie: Leopold Lindtberg) war sehr erfolgreich und vermittelte der Welt einen Eindruck vom besetzten Wien.

Der weltweit meistgesehene Film über Österreich, der hierzulande jedoch wenig bekannt wurde, war der amerikanische Film *Sound of Music*, den 1,2 Milliarden Menschen weltweit gesehen haben und der fünf Oscars erhielt. Er basiert auf einem Musical von Richard Rodgers und Oscar Hammerstein und wurde 1965 mit Julie Andrews und Christopher Plummer in den Hauptrollen gedreht. Schon 1956 war die *Geschichte der Trapp-Familie* (Regie Wolfgang Liebeneiner), die ebenfalls auf den Erinnerungen von Maria Augusta von Trapp (1905–1987) beruht, als deutscher Heimatfilm gedreht worden. Das Bild vieler Menschen, die Österreich besuchen, ist stark vom Film *Sound of Music* geprägt.

Im Land selbst wurden in den 1950er-Jahren Heimatfilme produziert, die meist eine heile Welt beschwören; sie handeln von Freundschaft, Liebe und Familie, spielen auf Almwiesen in den Bergen, haben eine sehr vorhersehbare Handlung und immer ein Happy End. Bekannte und beliebte Schauspieler (Hans Moser, Paul Hörbiger, Waltraut Haas, Peter Alexander und viele andere) wirkten in diesen Filmen mit.

Der Film *Echo der Berge* aus 1954 war der Auftakt zu einer ganzen Reihe von Filmen wie *Die Sennerin von St. Kathrein, Die Försterliesel* oder *Almenrausch und Edelweiß*. Die Vergangenheit vor dem Nationalsozialismus wurde ebenfalls romantisch heraufbeschworen, am erfolgreichsten wohl in der *Sissi-Trilogie* (1955–1957) von Ernst Marischka (1893–1963) mit Romy Schneider (1938–1982) als Elisabeth und Karlheinz Böhm (geb. 1928) als Kaiser Franz Joseph.

Auch Operettenfilme wie z. B. *Im Weißen Rößl* (1960) mit Peter Alexander (1926–2011) und Waltraut Haas (geb. 1927) oder legendär gewordene Komödien wie *Hallo Taxi* mit Hans Moser (1880–1964) und Paul Hörbiger (1894–1981) oder *Mariandl* (1961) und viele andere von Franz Antel (1913–2007) und Willi Forst (1903–1980) inszenierte Streifen unterhielten die Menschen und brachten ihnen unterschwellig das Bild des gemütlichen Österreichers nahe, der sich wesentlich von »den Deutschen« unterschied. Anleihen bei der Kultur nehmen Streifen wie Ernst Marischkas *Dreimäderlhaus*, der die Geschichte Franz Schuberts erzählt. Sie trugen ebenso zum Konstrukt der »österreichischen Identität« bei wie die Eisrevue oder Schi-Filme, in denen Sportler (z. B. Toni Sailer) als Darsteller agierten.

68. Welchen Wandel vollzogen die Medien?

Die Medien haben sich seit 1918 stark verändert. Im letzten Viertel des 20. Jahrhunderts hat sich dieser Prozess der Veränderung dynamisiert, was allerdings kein rein österreichisches Phänomen ist.

Die traditionellen Medien, die Zeitungen und Zeitschriften, erfuhren seit 1918 eine Wandlung, die vor allem im Zugrundegehen der großen Qualitätszeitungen (z. B. *Neue Freie Presse* 1864–1939), dem schwindenden Einfluss oder gar dem Ende der traditionellen Parteizeitungen und der zunehmenden Dominanz der Boulevardzeitungen zu sehen ist. Die meistgelesene Zeitung in Österreich heute ist die *Kronen Zeitung* (drei Millionen Leser), daneben haben auch Zeitungen wie der *Kurier*, die *Kleine Zeitung*, *Österreich* sowie Gratiszeitungen wie *Heute* eine weite Verbreitung. Lokale Zeitungen, von denen einzig die *Salzburger Nachrichten* auch österreichweit eine Rolle spielen, und Qualitätszeitungen wie *Standard* und *Presse* werden weit weniger gelesen. Wochenmagazine wie *profil* (seit 1970) und *News* (seit 1995) haben mit ihrem Enthüllungsjournalismus teilweise Einfluss auf die Politik gewonnen.

Was den Rundfunk anbelangt, gab es seit 1922 Versuche eines Radioprogramms mit Musikübertragungen. Allerdings verfügten nur wenige Menschen über Empfangsgeräte. Dieses Medium wurde vor allem nach 1938 aus propagandistischen Gründen ausgebaut. In der Zeit von 1945 bis 1955 stand der Rundfunk unter der Kontrolle der Besatzungsmächte. Aufgrund der gebirgigen Landschaft war es erst in den 1960er-Jahren möglich, in ganz Österreich ein Radioprogramm zu empfangen. Seit 1967 gibt es mit Ö3 auch ein Programm des Österreichischen Rundfunks ORF, das sich speziell an junge Menschen wendet.

Seit der zweiten Hälfte der 1950er-Jahre lief auch ein Fernseh-Versuchsprogramm, zunächst mit nur einem Sender. Fernsehen war in den 1950er- und 1960er-Jahren noch ein Statussymbol, weil die Geräte nur für Wohlhabende erschwinglich waren. In Österreich begannen die ersten regulären TV-Sendungen am 1. August 1955. Erst Ende 1956 gab es einen regelmäßigen Fernsehbetrieb mit 20 Wochenstunden. Auch hier bestand das Problem wie beim Rundfunk darin, dass aufgrund der vielen Berge im Land zunächst kein flächendeckender Empfang gegeben war.

Einen großen Einschnitt bedeutete sicher das Rundfunkvolksbegehren 1964, das eine unabhängige Berichterstattung forderte, was mittelfristig zu einer Entpolitisierung und Professionalisierung von Rundfunk und Fernsehen führte.

Noch bis in die 1980er-Jahre konnten in Österreich (außer in den Grenzregionen zu Deutschland oder der Schweiz) allerdings nur die Programme des ORF empfangen werden. Heute hat das öffentlich-rechtliche Fernsehen in Österreich vier Kanäle, der erste österreichische Privatsender (ATV) entstand 2003.

Das Satellitenfernsehen erzielte erst 1989 den Durchbruch, heute können viele Sender 24 Stunden hindurch empfangen werden. Das Fernsehen ist sicherlich das erfolgreichste Medium des 20. Jahrhunderts und hat die Lebensgewohnheiten der Menschen extrem verändert.

In den letzten Jahren spielen Internet, Handy und diverse kommunikative Plattformen wie *Facebook* oder *Twitter* und die Online-Medien wie überall in der Welt auch in Österreich zunehmend eine Rolle.

WIRTSCHAFT

69. Wie entwickelten sich die Bevölkerungszahlen in Österreich?

Nach einer langsamen Bevölkerungszunahme bis ins 18. Jahrhundert kam es in der Zeit danach zu einem raschen Anstieg der Bevölkerungszahlen. Neben den steigenden Geburtenraten war und ist dafür auch die Zuwanderung ein wesentlicher Faktor.

Bevölkerungszahlen für die Zeit vor dem 18. Jahrhundert, als Maria Theresia (1717–1780) die erste Volkszählung durchführen ließ, beruhen auf intelligenten Schätzungen, denen verschiedene Quellen (z. B. Häuserzählungen oder regionale Steuerlisten) zugrunde liegen. Erst mit Einführung der amtlichen Statistik (1810 wurde durch ein allerhöchstes Handschreiben das »Departement für Statistik« bei der Hofkammer gegründet, aus dem sich dann das Statistische Zentralamt, heute Statistik Austria, entwickelte) können wir auf verlässliche Zahlen zurückgreifen.

Das heutige Österreich war im Mittelalter dünn besiedelt, es wird angenommen, dass im 13. Jahrhundert ca. 700.000 bis 900.000 Menschen in diesem Gebiet wohnten. Während das hohe Mittelalter von einem langsamen Anstieg der Bevölkerung charakterisiert ist, kam es durch die Pestwelle 1347–1349 zu einem starken Bevölkerungsverlust, der erst im 15. und 16. Jahrhundert wieder aufgeholt werden konnte. 1527 wird die Bevölkerung Österreichs auf 1,5 Millionen geschätzt, sie vermehrte sich im 17. Jahrhundert nur langsam, weitere Pestwellen und der Dreißigjährige Krieg trugen das Ihre dazu bei. Um 1700 lag die Zahl der Bewohner bei ca. 2,1 Millionen. Bei der ersten Volkszählung unter Maria Theresia 1754 kam man auf 2,7 Millionen.

Der Hauptgrund für das langsame Bevölkerungswachstum war neben den Seuchen die hohe Kindersterblichkeit, fast die Hälfte der Kinder erreichte nicht das Erwachsenenalter. Aufgrund der Heiratsbeschränkungen (nur wer Besitz hatte, durfte heiraten) waren viele von der Reproduktion ausgeschlossen, auch wenn die Zahl der unehelichen Kinder hoch war. Die Zählungen ab der Zeit des aufgeklärten Absolutismus hatten vor allem militärische Gründe, sollte doch vor allem die Zahl der Rekruten (aber auch der Zugtiere wie Ochsen und Pferde) erfasst werden.

Von Mitte des 18. bis Ende des 19. Jahrhunderts setzte in ganz Europa ein enormes Bevölkerungswachstum ein, das viele Ursachen hatte. Bessere Ernährung, der dadurch sowie durch die höheren medizinischen Standards bedingte Rückgang der Kindersterblichkeit, das Zurückdrängen der Seuchen durch hygienische Maßnahmen und Impfungen, aber auch die Aufhebung der Hindernisse für Eheschließungen führten zu einem schnellen Ansteigen der Bevölkerungszahlen. Zwischen 1754 und 1869 wuchs die Bevölkerung im heutigen Österreich von 2,7 auf 4,5 Millionen, bis 1918 vermehrte sie sich auf 6,6 Millionen. Auch danach ist die Bevölkerungsentwicklung positiv, nach dem Zweiten Weltkrieg stieg die Zahl auf 6,9 Millionen (1951) und bei der letzten Volkszählung 2006 auf 8,3 Millionen, 2011 wurde die Zahl mit 8.420.900 angegeben. Für das Jahr 2050 wird eine österreichische Bevölkerung von neun Millionen prognostiziert.

Die beiden Weltkriege verursachten demografische Katastrophen. Der Erste Weltkrieg brachte mit 190.000 Kriegsgefallenen und einem Geburtendefizit von ca. 42.000 im Jahr große Ausfälle, im Zweiten Weltkrieg verlor Österreich 247.000 Gefallene und 24.000 Ziviltote. Dazu kommen noch die tragischen Folgen der Shoah: Die jüdische Bevölkerung emigrierte oder wurde ermordet, nur wenige Juden überlebten diese Zeit in Österreich.

Schon in der Zeit der Monarchie gab es eine starke Zuwanderung aus den anderen Kronländern der Monarchie, besonders aus Böhmen. Wien hatte z. B. eine starke tschechische Minderheit. Nach dem Zweiten Weltkrieg kam es durch den Arbeitskräftemangel ab 1962 zu großen Zuwanderungen von »Gastarbeitern«. Heute liegt der Anteil der »Ausländer« an der österreichischen Wohnbevölkerung bei knapp unter einer Million oder elf Prozent der Bevölkerung. In den Städten ist der Anteil höher, in Wien beispielsweise 21,5 Prozent. Ein Drittel der »Ausländer« kommt aus der EU, die größte Gruppe sind die Deutschen (147.000), gefolgt von den Rumänen (41.000), Polen (38.000), Ungarn (26.000) und Slowaken (20.000). Unter den Nicht-

EU-Bürgern kommen 302.000 aus den Staaten des ehemaligen Jugoslawien (ohne Slowenien) und 113.000 aus der Türkei.

Andererseits arbeiten und leben viele österreichische Staatsbürger im Ausland, die größte Gruppe in Deutschland, gefolgt von Australien, der Schweiz, Brasilien, den USA, Südafrika, Argentinien und Kanada.

70. Welche Rolle spielte der Bergbau in der Geschichte Österreichs?

Neben der Land- und Forstwirtschaft bildete der Bergbau einen bedeutenden Bereich der Primärproduktion, der eine eigene soziale Struktur aufwies und in der Frühen Neuzeit und im 19. Jahrhundert zur Zeit der Industrialisierung große Bedeutung hatte.

Bergwerke wurden schon seit der Urzeit betrieben, im Mittelalter und der Frühen Neuzeit spielten vor allem die Salzgewinnung und der Buntmetallabbau eine zentrale Rolle. Das Salz wurde im Gegensatz zur Urzeit nicht mehr unter Tag abgebaut, sondern durch Wasser im sogenannten Soleverfahren ausgelaugt und dieses salzige Wasser dann in den Sudhäusern in sogenannten »Pfannen« versotten. Das Wasser verdampfte und das rohe Salz blieb zurück. Dieser Arbeitsprozess verlangte Spezialisten und eine Infrastruktur, in die eine solche Saline eingebettet war. Die Salzarbeiter bildeten aufgrund ihrer Spezialisierung eine freie, auch freizügige Gruppe der Bevölkerung. Um die Pfannen zu erhitzen, wurde viel Holz benötigt, was durch eine intensive Waldwirtschaft, die vielen Holzknechten Arbeit gab, sichergestellt wurde. Die bäuerliche Bevölkerung der Umgebung hatte für die Nahrungsmittelproduktion zu sorgen, die Bauern der »Widmungsbezirke« mussten ihre Produkte den Bergarbeitern zu festgelegten Preisen anbieten. Solche Salinen bestanden vor allem im Salzkammergut (Aussee, Hallstatt, Ebensee, Ischl und Gmunden waren die wichtigsten Orte) und – betrieben vom Salzburger Erzbischof – in Hallein.

Ähnlich die Situation in den anderen Bergbaugebieten, wo allerdings unter Tag arbeitende Knappen beschäftigt wurden. Hier war das technische Wissen vor allem in der Verhüttung wesentlich. Der Buntmetallbergbau, vor allem Silber, war besonders profitabel, da dieses für die Prägung von Münzen benötigt wurde. Schwaz in Tirol, aber auch Orte wie Oberzeiring, wo das Silberbergwerk allerdings 1361 abgesoffen ist, waren Zentren des Silberbergbaus. Daneben hatten das Goldwaschen, vor allem in den Salzburger Hochtälern, aber auch der Bergbau von Kupfer, Blei und anderen Buntmetallen Bedeutung. Gerade der Buntmetallbergbau – Schwaz, aber auch die großen Silberbergwerke in Böhmen sowie die Kupferbergwerke in der heutigen Slowakei – bot am Beginn der Frühen Neuzeit eine enorme finanzielle Profitchance, die von den Vertretern des Frühkapitalismus – meist von oberdeutschen Finanziers wie den Fuggern und Welsern – genutzt wurde.

Demgegenüber hatten Eisen und Kohle – die wichtigsten Rohstoffe der Industrialisierung im 19. Jahrhundert – bis ins 18. Jahrhundert lediglich eine untergeordnete Bedeutung. In Österreich gab es am Erzberg, aber auch an vielen anderen Orten, beispielsweise am Hüttenberg in Kärnten, eine Eisenerzgewinnung und Verhüttung. An den Flüssen Ober- und Niederösterreichs (der sogenannten Eisenwurzen) entstand eine Frühform der Eisenindustrie, die vor allem Sensen, Messer und Waffen erzeugte. Auch hier entwickelten sich spezielle Sozialformen, die sich von der Masse der bäuerlichen Bevölkerung unterschieden.

71. Welche Folgen hatte die Industrialisierung für Österreich?

Der Übergang von der individuellen Produktion des Handwerkers zur billigeren Massenproduktion erfolgte schrittweise. Die im 19. Jahrhundert einsetzende Industrialisierung veränderte Produktion und Konsum maßgeblich.

Schon seit dem späten 17. Jahrhundert wurden im Zuge der sogenannten »Protoindustrialisierung« Manufakturen errichtet und Waren in großen Mengen produziert. Die Produktion erfolgte noch ohne Maschinen, aber durch den arbeitsteiligen Prozess wurde die

Arbeit an einem Werkstück in viele kleine Prozesse aufgeteilt, die von angelernten Arbeitskräften, vor allem Frauen und Kindern, verrichtet wurden. Bedeutsam für die Lebensgestaltung der Menschen war die Trennung von Wohn- und Arbeitsplatz, was Phänomene wie Frauen- und Kinderarbeit, die es auch am bäuerlichen Hof oder in der Werkstatt des Handwerkers gegeben hatte, sichtbar machte.

Die eigentliche Industrialisierung setzte mit der maschinellen Produktion ein, wobei vor allem die Dampfmaschine eine bahnbrechende Erfindung war, viele andere Maschinen (Spinnmaschinen und mechanischer Webstuhl etc.) folgten. Kohle, mit der man die Dampfmaschinen betrieb, aber auch Eisen wurden für die Stahlindustrie zu den wichtigsten Rohstoffen.

Ob diese neue Produktionsweise wirklich als industrielle Revolution oder nicht als industrielle Evolution, die schon viel früher einsetzte, bezeichnet werden kann, ist umstritten. Voraussetzungen für die Veränderungen waren zwei andere »Revolutionen«, die agrarische, durch die mehr Lebensmittel produziert wurden, und die demografische, durch die eine größere Zahl von Menschen im Lande lebte, wodurch sowohl die Zahl der Arbeitskräfte als auch jene der Konsumenten anstieg.

Die industrielle Produktion erfasste vor allem den Sektor der Textilindustrie, aber auch viele andere Bereiche wie die Zuckerfabrikation, das Brauereiwesen und vor allem die Schwerindustrie, die u. a. für den Ausbau der Verkehrsmittel wichtig war. Dampfschiff und Eisenbahn – Letztere hatte insofern einen Multiplikatoreffekt, als sie die steirischen Eisenvorkommen (Erzberg) mit den nordböhmischen Kohlenrevieren verband – veränderten den Waren- und Menschentransport und waren ein Motor der Industrialisierung. Bereits 1836 wurde mit dem Bau der Kaiser-Ferdinand-Nordbahn begonnen, 1839 nahm man den Bau der Südbahn in Angriff.

Der Prozess der Industrialisierung erfasste die Monarchie nicht in gleichmäßiger Weise, besonders der Norden Böhmens, aber auch das Mur- und Mürztal, Vorarlberg sowie in bescheidenerem Ausmaß die Umgebung Wiens waren Kerngebiete der Industrialisierung.

72. Welche großen Erfindungen gab es in Österreich?

Im 19. Jahrhundert wurden in Österreich einige bedeutende Erfindungen gemacht, einige davon konnten von den Erfindern nicht genutzt werden. In der Nachkriegszeit war vor allem das LD-Verfahren ein großer Erfolg der österreichischen Technik.

Wie in jedem anderen Land, gab es auch in Österreich zahlreiche Erfinder und Erfindungen, die aber meist nur kleinere Veränderungen mit sich brachten. Grundsätzlich verlaufen technische Entwicklungen in vielen Ländern parallel und bauen oft aufeinander auf. In Österreich werden Erfindungen gesetzlich geschützt. Am Beginn stand eine Verordnung Kaiser Franz' II. (1768–1835) aus dem Jahre 1794, aus der sich dann Schritt für Schritt das Patentgesetz von 1897 entwickelte, auf dem auch die heute gültige Regelung von 1970 beruht.

Einige wenige österreichische Erfindungen waren von internationaler Bedeutung, wie die Erfindung des Gasglühstrumpfs zur Beleuchtung von Wohnungen und Straßen durch Carl Auer von Welsbach (1858–1929), die Entwicklung von Asbestzement (Eternit) durch Ludwig Hatschek (1856–1914), Möbel aus gebogenem Holz durch Michael Thonet (1796–1871) oder die in Wasserkraftwerken eingesetzte Kaplan-Turbine durch Viktor Kaplan (1876–1934).

Eine technisch bedeutende Leistung war der Bau der Semmeringbahn durch Carl Ritter von Ghega (1802–1860). Internationale Bedeutung erlangte Alois Negrelli (1799–1858), von dem die erste Planung des Suezkanals stammt. Einer der Pioniere des Automobilbaus war der Österreicher Siegfried Marcus (1831–1898), der schon 1865 ein erstes Versuchsfahrzeug mit einem Benzinmotor konstruierte. Die erhaltenen Marcus-Automobile wurden in den 1870er- und 1880er-Jahren gebaut und waren technisch für die Entwicklung wichtig.

Einige österreichische Erfinder haben ihre neuen Entwicklungen nicht ausgewertet und sind außerhalb Österreichs kaum bekannt, wie etwa Josef Ressel (1793–1857), der die Schiffsschraube erfand, dies aber nicht wirtschaftlich nutzen konnte. Ähnlich erging es Josef Madersperger (1768–1850), der die Nähmaschine erfand, sein Patent aus dem Jahre 1815 aber nicht verwertete, und Peter Mitterhofer (1822–1893), der eine Schreibmaschine erfand, aber aufgrund der mangelnden Unterstützung durch den Wiener Hof scheiterte.

Eine der wirtschaftlich höchst erfolgreichen Erfindungen der neueren Zeit war das sogenannte Linz-Donawitz- oder LD-Verfahren, bei dem Sauerstoff zum »Frischen« des kohlenstoffreichen Roheisens verwendet wird, wodurch ein kohlenstoffarmer Stahl entsteht. Das Verfahren wurde ab 1949 in der VÖEST (Vereinigte Österreichische Eisen- und Stahlwerke) in Linz zur Betriebsreife entwickelt und in alle Welt exportiert.

73. Was waren und sind die wichtigsten Handelsgüter in Österreich?

Österreich war immer ein Transitland, wobei die gehandelten Waren sich stark geändert haben, vor allem die Industrialisierung und die Entwicklung der Konsumgesellschaft nach dem Zweiten Weltkrieg brachten dramatische Einschnitte.

Die geografische Lage Österreichs machte das Land schon seit der Urgeschichte zu einem Transitland für den Handel in Europa. Die Wasserwege von Donau, March und Inn, die Alpenpässe (Brenner, Radstädter Tauern, Semmering etc.) sowie die Bernsteinstraße, die Europa von Norden nach Süden durchquerte, liefen über Österreich. Ein wichtiges Handelsgut seit der Urzeit war Salz, das aus dem Salzkammergut die Donau abwärts verschifft und von Linz und Krems aus nach Norden, nach Böhmen, transportiert wurde. Ein weiteres wichtiges Handelsgut war Eisen, das schon zur Römerzeit vom Königreich Noricum exportiert wurde und auch später ein wichtiges Ausfuhrprodukt blieb.

Eingeführt wurden in der Vormoderne vor allem Gewürze, Textilien und Luxuswaren aus Venedig/Venezia, aber auch teure, dafür länger haltbare Weine und »Kolonialwaren« wie Kaffee, Tee, Tabak, Zucker und Rum.

Mit der Industrialisierung änderten sich die Handelsgüter und Warenströme. Die Habsburgermonarchie verfügte sowohl über

Industrieprodukte (vor allem in Böhmen) als auch über landwirtschaftliche Erzeugnisse (im Königreich Ungarn), sodass ein großer Teil des Handels ein Binnenhandel war. Aufgrund der verzögerten Entwicklung einer eigenständigen, effizienten Industrie wurden Waren aus Westeuropa (vor allem England) importiert. Daneben war natürlich der Handel mit Kolonialwaren weiter von Bedeutung.

Mit dem Ende der Monarchie zerbrach dieser gemeinsame Wirtschaftsraum und das kleine Österreich konnte weder auf die Agrarproduktion Ungarns noch auf die industriellen Güter Böhmens zugreifen. Auch grundlegende Dinge, wie Kohle als wichtiger Energieträger, mussten eingeführt werden.

Nach dem Zweiten Weltkrieg änderte sich die Situation erneut. Der Eiserne Vorhang brachte Vor- und Nachteile für den österreichischen Außenhandel. Die Neutralität war zwar ein großer Pluspunkt für Österreich, aber dennoch war der Warenaustausch mit den kommunistischen Nachbarstaaten sehr eingeschränkt.

In den letzten Jahren haben die Importe von Waren ebenso enorm zugenommen wie der Export österreichischer Waren. Dennoch ergibt sich in der Endabrechnung ein Außenhandelsdefizit von über neun Milliarden Euro (2011), das in den letzten zehn Jahren gewaltig angewachsen ist. Ausgeglichen wird dieses Defizit in erster Linie durch den Fremdenverkehr.

An der Spitze der Waren, die gehandelt werden, liegen Maschinen und Fahrzeuge, Fertigwaren, (fossile) Brennstoffe und Energie (Strom), chemische Erzeugnisse und Nahrungsmittel.

Eine besondere Rolle für die österreichische Wirtschaft nach 1989 spielten die Länder des ehemaligen Ostblocks, in denen große Gewinne gemacht werden konnten, die allerdings mit ebenso großen Risiken verbunden waren. Viele österreichische Unternehmen (Banken, Versicherungen, Handelsketten, Telekommunikationsunternehmen) haben wirtschaftlich auf diesen Bereich gesetzt.

74. Welche Währungen gab es in Österreich?

Viele unterschiedliche Münzen wie Pfennige, Gulden oder Kronen waren im Laufe der Zeit in Österreich im Umlauf. Mit dem Aufkommen von Papiergeld im 18. Jahrhundert veränderte sich die Grundlage der Währung. Die Einführung der Schillingwährung und deren Ablöse durch den Euro prägen die Geschichte der österreichischen Republiken.

Bis zur Einführung von Papiergeld im 18. Jahrhundert gab es in Österreich nur Münzgeld, dessen Wert durch seinen Gehalt an Silber oder Gold bestimmt wurde, sodass bei mittelalterlichen Münzfunden oft auch exotische Münzen auftauchen. Karl der Große legte ein Münzsystem fest, das viele Jahrhunderte lang Gültigkeit hatte; dabei wurden aus einem Pfund Silber 240 Münzen geprägt, die Denare oder Pfennige genannt wurden. Die große Zeit dieser Pfennige war das Mittelalter, sie wurden auf österreichischem Boden erstmals vom Bayernherzog Arnulf (911–937) in Salzburg geprägt. Die Babenberger begannen um 1110/1120 in Krems mit der Münzprägung, andere wichtige Münzstätten im heutigen Österreich befanden sich in Wien, Friesach oder Graz.

Mit der Zunahme des Handels entstand auch ein Bedarf an größeren Münzwerten, die in Tirol oder Böhmen (Prager Groschen aus Kuttenberg/Kutna Hora) in Silber ausgeprägt wurden. Daneben spielten Goldmünzen aus Florenz, Genua und Venedig sowie der Rheinische Goldgulden eine wesentliche Rolle im Fernhandel. Dieser Rheinische Gulden wurde zu 60 Kreuzern oder 240 Pfennigen umgerechnet, das war die Grundlage für ein einheitliches Münzwesen. Auch in Österreich wurden Goldgulden geprägt, und zwar in Judenburg mit Gold aus den Tauern.

Einen wesentlichen Schritt stellte die Neuerung von Erzherzog Sigmund von Tirol (1427–1496) dar, der in Hall in Tirol eine Großsilbermünze, den späteren Taler, prägen ließ. Hall war ein Zentrum der Münzproduktion – das Silber kam aus dem Bergwerk in Schwaz – und entwickelte einige technische Neuerungen, vor allem die maschinelle Prägung.

Die Habsburgermonarchie war durch die ständigen Kriege immer wieder in Finanznot, was dazu führte, dass Maria Theresia

(1717–1780) 1750 einen neuen Münzfuß festsetzte. Aus einer Kölner Mark Silber sollten 20 Gulden oder 10 Taler geprägt werden. Diese *Conventions-Münzen* blieben bis 1858 gültiges Zahlungsmittel. Besonders berühmt sind die sogenannten Maria-Theresien-Taler, die bis heute nachgeprägt werden und bis zur Mitte des 20. Jahrhunderts in arabischen Ländern und Abessinien im Umlauf waren. Ab 1760 wurde die Scheidemünze des Kreuzers in Kupfer ausgeprägt. 1762 entschloss sich Maria Theresia zur Ausgabe von Papiergeld, *Banco-Zettel* genannt, die später in immer größerer Zahl ausgegeben wurden, was schließlich 1811 zum Staatsbankrott führte. Erst 1815 konnte das Geldwesen stabilisiert werden, kam aber in den Kriegen des 19. Jahrhunderts immer wieder in Schwierigkeiten.

Österreich entschloss sich zunächst zur Beibehaltung der Silberwährung, doch nach 1866 setzte man in Anlehnung an Frankreich, Belgien, die Schweiz und Italien erste Schritte in Richtung einer Goldwährung, ohne sie aber ganz durchzusetzen. Im Zuge des Ausgleichs mit Ungarn 1867 erhielt Ungarn auch im Münzwesen weitgehende Autonomie. Ende der 1870er-Jahre waren fast alle europäischen Staaten und die USA zur Goldwährung übergegangen, die Habsburgermonarchie führte die dringend notwendige Währungsreform erst 1892 mit der Kronenwährung durch. Der österreichische Gulden entsprach zwei Kronen, die Krone war in 100 Heller unterteilt, ab 1900 war die Krone das alleinige Zahlungsmittel.

Nach dem Ende der Monarchie blieb die Kronenwährung zunächst bestehen, die Banknoten wurden teilweise überdruckt. Die galoppierende Inflation – 1922 betrugen die Lebenshaltungskosten das 14.000-Fache der Vorkriegszeit – führte im Zuge der Sanierung der Staatsfinanzen (Seipel-Sanierung vgl. Frage 49) jedoch zur Einführung einer neuen Währung, dem Schilling zu hundert Groschen (eingeführt 1924, realisiert 1925). Der Schilling orientierte sich am Dollar, war eine Hartwährung und wurde auch Alpendollar genannt. Mit dem Anschluss 1938 wurde die Reichsmark als Währung in Österreich eingeführt, aber nach 1945 kehrte man zur Schillingwährung zurück. Nach dem Beitritt Österreichs zur EU (1995) und zur Eurozone wurde der Schilling ab 1. Jänner 2002 durch den Euro ersetzt.

SOZIALES

75. Was versteht man unter Feudalgesellschaft?

Die Gesellschaft der Vormoderne beruhte auf Abhängigkeitsverhältnissen, einerseits des Adels und der Kirche vom Landesfürsten und andererseits der Bauern von ihren Grundherren.

Die Gesellschaft des Mittelalters und der Frühen Neuzeit basiert auf dem Lehenswesen, das eine politische und ökonomische Beziehung zwischen dem Lehensherrn und seinem Vasallen darstellt. Dieses gesellschaftliche System bildete sich im frühen Mittelalter auf Grundlage römischer, keltischer und germanischer Rechtsverhältnisse aus. Das Prinzip der Gegenseitigkeit bedeutete, dass der Lehensherr »Schutz und Schirm« gab und der Lehensträger »Rat und Hilfe«. Die Landesfürsten in den österreichischen Ländern waren vom Herrscher des Heiligen Römischen Reiches lehensabhängig, hatten aber ihrerseits im Adel ihrer Länder Lehensleute. Die gesamte Gesellschaft war hierarchisch strukturiert, an der Spitze stand der König, von ihm hingen geistliche und weltliche Fürsten, Grafen und Freiherren, Ministeriale und deren Mannen ab.

Das Grundprinzip der Gegenseitigkeit bedeutet, dass der Vasall und der Lehensherr sich zur gegenseitigen Treue verpflichten, der Vasall bringt seine Unterordnung symbolisch in der Zeremonie des »Handgangs« zum Ausdruck. Bei dieser Zeremonie kniet er vor dem Herrn und legt seine gefalteten Hände in dessen Hände. Das dingliche Element dieser Lehensabhängigkeit war das Überlassen von Grund und Boden, für das der Lehensträger sich zu Diensten und Abgaben verpflichtete. Ähnlich organisiert war auch das Verhältnis der kirchlichen oder adeligen Herren zu ihren Bauern, das ursprünglich ebenfalls auf Gegenseitigkeit beruhte. Der Grundherr, entweder ein Adeliger oder ein kirchlicher Würdenträger (Äbte der alten Klöster, Bischöfe), hatte das Verfügungsrecht über Grund und Boden, das er an Bauern weitergab, denen er auch »Schutz und Schirm« bot, dafür im Gegenzug von ihnen Abgaben und Leistungen forderte.

Diese Grundherrschaft bildete die Keimzelle der Verwaltung im Lande, sie war nicht nur ein ökonomisches System, sondern auch mit rechtlicher Unterordnung verbunden. Der Grundherr übte auch die Polizeigewalt und die (niedere) Gerichtsbarkeit über seine Untertanen aus. In allen Fragen des Lebens der Untertanen war der Grundherr befugt zu entscheiden. Neben den Abgaben, die seit dem späten Mittelalter fast ausschließlich in Geld erfolgten, waren Frondienste oder Robot zu leisten. Waren diese ursprünglich geringfügig, so wuchsen sie durch die zunehmende Eigenwirtschaft der Grundherren deutlich an. Diese gaben manche Güter nicht mehr an Bauern aus, sondern bewirtschafteten sie »selbst«, das heißt unter Ausnützung und Steigerung der Robotleistung ihrer untertänigen Bauern.

Das ursprünglich gegenseitige Verhältnis verschlechterte sich für die Bauern seit dem späten Mittelalter. Der Schutz der Adeligen blieb aus, allerdings waren die Grundherren in Notfällen wie Krankheiten, Missernten oder anderen Katastrophen verpflichtet, ihren Untertanen beizustehen.

Die Rechtsverhältnisse der Bauern waren unterschiedlich: Vom Freistift, bei dem man jederzeit sein Gut verlieren konnte, bis zur abgesicherten Form des Erbrechtes gab es viele Möglichkeiten und die Ausbeutungsverhältnisse hingen stark vom Grundherrn ab.

Die Grundherrschaft endete in Österreich erst nach der Revolution 1848, die Vorrechte der vom Feudalismus geprägten adeligen Gesellschaft erst mit dem Ende der Monarchie 1918.

76. Was sind »Stände«?

Als Stände kann man einerseits die Geburtsstände der vormodernen Gesellschaft sehen, in der es wenig soziale Mobilität gab. Als politische Kraft waren die Stände (insbesondere der Adel) vor dem 17. Jahrhundert mächtig und kontrollierten den Herrscher. Sie stellten damit eine Art „Vorform des Parlamentarismus" dar.

Die Gesellschaft der Vormoderne war stark von Geburtsständen geprägt. Im Prinzip wurde man in einen Stand als Adeliger, Bürger oder Bauer geboren und konnte sich kaum sozial verändern.

Die mittelalterliche Ständeordnung war eine Drei-Stände-Ordnung: Der Klerus – hieß es – betet für alle, der Adel kämpft für alle, die Bauern arbeiten für alle.

Eine ganz andere, eminent politische Rolle spielt der Begriff »Stände« in der politischen Ordnung seit dem späten Mittelalter. In allen Ländern bildeten sich Institutionen der politischen Mitwirkung heraus, die in mehr oder weniger regelmäßigen Abständen zusammentraten. Diese Landtage – und im Heiligen Römischen Reich der Reichstag – waren in mehrere Kurien gegliedert. Die grundbesitzende Geistlichkeit (Bischöfe und Äbte der alten Klöster) bildeten die erste Kurie, der Adel – entweder getrennt in Herren- und Ritterstand oder gemeinsam – die zweite Kurie und die Städte die dritte Kurie. Nur einige österreichische Bundesländer hatten andere Vertretungen. In Tirol und Vorarlberg traten mit den »Freien Tälern und Gerichten« die freien Bauern als Kurie auf, was besonders in Vorarlberg, wo es weder eine Prälatenkurie des Klerus noch eine Adelskurie gab, zu besonderen Verhältnissen führte.

Die ständischen Vertretungen bildeten mit dem Landesfürsten gemeinsam das Land. Durch das Recht der Steuerbewilligung konnten sie vor allem im 16. Jahrhundert ihre Forderungen gut durchsetzen. Da die Habsburger auf Geld für ihre Kriege, besonders gegen das Osmanische Reich, angewiesen waren, mussten sie den Ständen – allen voran den meist protestantischen Adeligen – Zugeständnisse machen, was dazu führte, dass der Osten Österreichs im 16. Jahrhundert stark protestantisch geprägt war. Nach der Schlacht am Weißen Berg 1620 konnte der Einfluss der Stände weitgehend zurückgedrängt werden und die Habsburger näherten sich der absolutistischen Regierungsform an.

77. Wie gliederte sich die städtische Gesellschaft?

Die Städte der Vormoderne waren durch Handelshäuser, die den Fernhandel dominierten, sowie in Zünften organisierte Handwerksbetriebe und deren Besitzer bestimmt. Seit der Industrialisierung änderte sich das Sozialsystem schrittweise in Richtung unserer heutigen Strukturen.

Mit Ausnahme von Wien waren die meisten Städte Österreichs in der Vergangenheit Kleinstädte. Manche von ihnen waren Ackerbaustädte, die mit dem agrarischen Umland stark verflochten waren. Die größeren Städte lagen meist an den großen Handelsrouten, also an der Donau oder an den Straßen, auf denen die Alpen überquert werden konnten, um nach Italien zu gelangen.

Wien und zeitweise auch Graz und Innsbruck (sowie Salzburg für die Erzbischöfe) nahmen als Residenzstädte eine besondere Stellung ein, sozial waren sie durch einen hohen Anteil von Adeligen und Geistlichen sowie Beamten charakterisiert.

Für alle Städte galt der alte Grundsatz: »Stadtluft macht frei.« Die Stadtverwaltung war autonom, ein Stadtregiment und städtische Gerichte wurden von den Bürgern der Stadt selbst verwaltet. Die häufige Teilung der Verwaltung in einen äußeren und einen inneren Rat spiegelte die soziale Gliederung in Patriziat und zünftische Handwerker wider.

In vielen Städten an der Donau und den großen Handelsrouten entstand ein Patriziat, das den Fernhandel beherrschte, sehr wohlhabend war und im Mittelalter und in der Frühen Neuzeit auch politisch das Sagen hatte. Die zweite große Gruppe der Bürger der Stadt – das Bürgerrecht war an Grundbesitz in der Stadt gebunden – waren die in Zünften organisierten Handwerker. Diese Zünfte kontrollierten die Produktion der Meister, deren Lebensstandard durch sie geregelt wurde. Da sie nicht auf Gewinn und Expansion ausgerichtet waren, konnte der Meister, selbst wenn die Nachfrage nach einem Produkt stieg, nicht mehr Rohstoffe einkaufen und mehr Gesellen anstellen, weil diese Zahlen genau geregelt waren. Eine eigene Stellung innerhalb der Stadt hatten die Judengemeinden, aber auch Studenten der Universitäten oder Geistliche, die einen eigenen Rechtsbereich bildeten.

Während die Handwerksmeister relativ gut lebten, war die Lage der Gesellen und Lehrlinge sehr schlecht. Die Gesellen, die auf Wanderschaft gehen mussten – was oft romantischer dargestellt wurde, als es war –, bildeten ein Element sozialer Unruhe. Aufstände der Handwerker sind häufig. So kam es beispielsweise 1722 in Wien zu einer Schuhknechtsrevolte, in der sich die sozialen Spannungen innerhalb des Handwerks und mit den entstehenden Manufakturen, die eine große Konkurrenz für das Handwerk bildeten, entluden.

Durch die Industrialisierung veränderte sich das Sozialgefüge der Städte und näherte sich jenem der Gegenwart an. Mit der Österreichischen Gewerbeordnung 1859 wurden die Zünfte aufgehoben und wurde die Gewerbefreiheit – allerdings mit einem Befähigungsnachweis für Handwerker – eingeführt.

78. Wie veränderte sich die Gesellschaft in der Moderne?

Durch die Industrialisierung entstanden zwei neue »Klassen« der Bevölkerung, die Bourgeoisie und das Proletariat. Zum neuen Bürgertum in Österreich zählten allerdings nicht nur die Kapitalisten, sondern vor allem das Bildungsbürgertum der Beamten und Offiziere.

Im 18. Jahrhundert veränderte sich die Gesellschaft in Österreich sehr stark. War die frühneuzeitliche Gesellschaft vor allem agrarisch orientiert, wobei die unfreien Bauern im System der Grundherrschaft Adeligen oder den besitzenden Klöstern unterstellt waren, setzte im Zuge der Protoindustrialisierung und der darauf folgenden Industrialisierung ein Wandel ein. Parallel dazu kam es auch zu einer fortschreitenden Bürokratisierung des Staates und zu einem höheren Stellenwert der Bildung. So entstand in den Städten ein neues Bürgertum – das alte Bürgertum der Handwerker blieb weiter bestehen –, das seine Rolle aus Besitz und Bildung bezog. Einerseits waren es also die Besitzer von Fabriken, aber auch von Banken, Versicherungsgesellschaften etc., andererseits die Gebildeten (Ärzte, Juristen etc.), die dieses neue Bürgertum bildeten. In Österreich war das Wirtschaftsbürgertum (die Bourgeoisie) schwach ausgebildet, weil anders als in Westeuropa keine große Kapitalakkumulation durch den Überseehandel stattgefunden hatte. Unternehmer aus Westeuropa und jüdische Unternehmer, die langfristig Ziel des Antisemitismus wurden, trugen einen guten Teil der Industrialisierung.

Zum Bildungsbürgertum werden in der Habsburgermonarchie – nicht immer ganz einhellig – auch die Beamten und Offiziere gezählt. Sie alle hatten einen gehobenen Lebensstil und recht gute Einkommensverhältnisse.

Ganz anders geartet war die Lage der wachsenden Zahl lohnabhängiger Arbeiter, des Proletariats. Die Lebensbedingungen dieser Gruppe waren verheerend. Lange Arbeitstage, geringe Entlohnung, schlechte Wohnungen, einseitige Ernährung, katastrophale hygienische Zustände, Krankheiten und bei vielen Flucht in die Trunksucht kennzeichneten die Lebensumstände dieser Menschen. Unvorstellbare Ausbeutungsverhältnisse waren entstanden, denen die Arbeiter hilflos und unorganisiert gegenüberstanden. Zwar wurde schon im Vormärz das Problem des »Pauperismus« (später die »soziale Frage« genannt) diskutiert, doch erst in den 1870er-Jahren wurden die Ideen von Karl Marx (1818–1883) und Friedrich Engels (1820–1895) rezipiert. Es bildete sich eine Arbeiterbewegung und der Staat geriet unter Druck; er musste verschiedene Gesetze erlassen, die den Arbeitern etwas mehr Schutz boten (z. B. Verbot der Kinderarbeit, Gewerbeinspektorat etc.). Dennoch blieb die Lage der arbeitenden Klasse in der Monarchie trist und begann sich erst im 20. Jahrhundert – im Zeichen der Stärkung der Sozialdemokraten durch das allgemeine Wahlrecht – langsam zu verbessern.

79. Welche Bedeutung haben Frauen in der Geschichte Österreichs?

Die Möglichkeiten individueller Lebensentfaltung für Frauen waren sozial unterschiedlich, aber grundsätzlich jenen der Männer nicht gleich. Erst im 20. Jahrhundert änderte sich das ein wenig zugunsten der Frauen, doch bleibt auch in Zukunft noch manches zu tun.

Fragt man nach Frauen in der Geschichte Österreichs, so kommt als Antwort meist sofort: »Maria Theresia«. Sie war unbestritten eine wichtige Frau der österreichischen Geschichte, aber die moderne Geschlechtergeschichte beschäftigt sich mit den Frauen in ihrer Gesamtheit, ihren Rechten, ihrer Unterdrückung, ihren Lebenswelten und ihrer Rolle in der Gesellschaft, nicht mit einem von der sozialen Privilegierung bestimmten Sonderfall.

Durch kirchliches und weltliches Recht dem Manne untergeordnet und bevormundet, haben nur wenige starke Frauen eine ungewöhnliche Stellung und persönliche Freiheiten erreicht. Frauen wurden im Zuge der Vormoderne in ihren Tätigkeiten eher eingeschränkt und von der noch im späten Mittelalter starken Position in der Arbeitswelt zurückgedrängt. Mit der Protoindustrialisierung wurden sie verstärkt als Lohnarbeiterinnen eingesetzt und das Phänomen »Frauenarbeit« wurde ein sichtbares – selbstverständlich haben Frauen am Bauernhof oder im Handwerkerhaushalt auch früher immer schon gearbeitet.

Frauen mussten entweder heiraten, in ein Kloster gehen, im väterlichen Haushalt leben oder als Dienstboten unter der Obsorge eines Haushaltsvorstands arbeiten – selbstständige und gebildete Frauen gab es in geringer Zahl nur in der Oberschicht. Für die Mehrheit der Frauen bedeutete der Übergang zur industriellen Gesellschaft kaum eine Veränderung ihrer Lage. Weder die Arbeit in den Fabriken, noch als Dienstboten im Haushalt der Ober- und Mittelschicht, wo ihr Anteil etwa 90 Prozent betrug, war irgendwie geschützt oder brachte Aufstiegsmöglichkeiten mit sich. Die meisten Berufe waren Frauen versperrt.

Das änderte sich erst im 20. Jahrhundert, wobei der Erste Weltkrieg, in dem Frauen in Männerpositionen arbeiteten, wichtig war. Doch auch in der Ersten Republik waren im Großen und Ganzen die drei »K« (Kirche, Kinder, Küche) für die Lebensgestaltung von Frauen maßgeblich. Noch mehr auf die traditionelle Rolle als Hausfrau und Mutter wurden die Frauen in der Zeit des Nationalsozialismus festgelegt, doch wurden sie andererseits während des Zweiten Weltkrieges wieder verstärkt in der Wirtschaft eingesetzt.

Im Gegensatz zur Zeit nach 1918 wurden die Frauen nach 1945 jedoch nicht mehr aus dem Wirtschaftsleben verdrängt. Der Arbeitskräftemangel im Wiederaufbau führte dazu, dass Frauen weiterhin in größerer Zahl berufstätig blieben. Dennoch musste bis 1975 der Ehemann der Berufstätigkeit seiner Frau zustimmen. Die rechtliche Grundlage der Frauen, vor allem im Familienrecht, besserte sich enorm durch die Reformen in der Ära Kreisky (1911–1990).

Obwohl die Frauen die Mehrheit der Wahlberechtigten stellen, sind sie in politischen Funktionen unterrepräsentiert, sowohl bei den Abgeordneten, als auch als Ministerinnen (die erste Ministerin war Sozialministerin Grete Rehor 1966) oder in sonstigen Führungspositionen. Jene Frauen, die für die Position des Bundespräsidenten kandidierten, erreichten niemals auch nur den zweiten Wahlgang.

Ähnliche Ungleichheiten finden sich in vielen anderen Institutionen. So liegt die Zahl der Professorinnen an Universitäten oder von Managerinnen in großen Firmen immer noch weit unter dem Anteil der Frauen an der Bevölkerung. Schlimm für die arbeitenden Frauen ist besonders die Tatsache, dass sie für gleiche Arbeit keineswegs gleichen Lohn bekommen wie Männer.

Es bleibt also auf vielen Ebenen noch vieles zu tun.

80. Wie erfolgte die Emanzipation der Frauen?

Schon im 19. Jahrhundert entstanden bürgerliche und sozialdemokratische Gruppen, die eine Emanzipation der Frauen anstrebten. Schritt für Schritt verbesserte sich die Situation der Frauen, verstärkt seit den 1970er-Jahren, doch blieb noch so manches Ziel unerreicht.

Schon seit der Entwicklung der modernen Gesellschaft im 18. Jahrhundert waren einzelne Verbesserungen in der Rechtsstellung und der Bildung von Frauen merkbar, die allerdings nur die adelige und bürgerliche Oberschicht betrafen und damit nur einen sehr kleinen Teil der Bevölkerung. Für diese Frauen der um etwa 1870 aufkommenden bürgerlichen Emanzipationsbewegung mit der Galionsfigur Marianne Hainisch (1839–1936) war es das Ziel, höhere Bildung für Frauen möglich zu machen. Seit 1878 konnten Frauen maturieren, waren damit allerdings nicht »reif zum Besuch der Universität«. Erst gegen Ende der 1880er-Jahre konnten die diesbezüglichen Forderungen durchgesetzt werden und um die Jahrhundertwende durften Frauen einzelne Studienrichtungen belegen.

Die erste Frau, die ein medizinisches Doktorat erwarb, war 1897 Gabriele Posanner von Ehrenthal (1860–1940). Sie hatte in Zürich und Genf studiert und 1894 promoviert. In Wien musste sie alle

21 Rigorosen wiederholen. 1907 wurde die Romanistin Elise Richter (1865–1943) »gnadenhalber« als erste Privatdozentin in Österreich zugelassen. Eine volle Hochschulberechtigung wie auch viele andere Rechte wurden den Frauen erst 1919 in der Republik zugestanden.

Ziel der sozialdemokratischen Frauenbewegung der Arbeiterinnen und Hausgehilfinnen hingegen war eine Verbesserung der existenziellen Nöte. Die führende Persönlichkeit in diesem Bereich war Adelheid Popp (1869–1939). Diese Gruppe verlangte das Frauenwahlrecht, stellte den Anspruch auf Scheidung und Abtreibung sowie auf gleichen Lohn der Frauen für gleiche Arbeit. Die meisten dieser Forderungen wurden – wenn auch manche erst in den 1970er-Jahren – inzwischen verwirklicht, der gleiche Lohn wie für Männer ist auch heute nicht voll durchgesetzt.

Verstärkt seit den 1970er-Jahren kam es mit einer neuen Frauenbewegung zu einem breiten Angriff auf das Patriarchat und einem Aufholprozess der Frauen gegenüber den Männern auf (fast) allen Gebieten, was sich deutlich in der Bildung bemerkbar machte. Seit den 1980er-Jahren gibt es mehr Maturantinnen als Maturanten und auch an den Universitäten liegt der Anteil der Frauen über 50 Prozent. In den Schulen ist die Koedukation voll durchgesetzt und die weiblichen Lehrlinge eroberten neben den traditionellen (Friseurin, Damenschneiderin und Verkäuferin) auch neue Berufsfelder. Dennoch ist immer noch über weite Strecken eine Unterrepräsentation der Frauen, vor allem in Führungspositionen, feststellbar.

RELIGIONEN

81. Wie ging die Christianisierung Österreichs vor sich?

Mit einer Vorgeschichte in der Römerzeit begann im frühen Mittelalter die Christianisierung der österreichischen Länder, die sich im Laufe des Mittelalters durchsetzte.

Die ersten Christen auf dem Gebiet des heutigen Österreich gab es schon in der Römerzeit, vermutlich seit dem 2. Jahrhundert. Die Christenverfolgungen unter dem römischen Kaiser Diocletian (zwischen 236 und 245–312) erfolgten auch in den römischen Provinzen an der Donau. Mit dem heiligen Florian, der 304 sein Martyrium in Lauriacum/Lorch erlitt und zu einem überaus beliebten Heiligen wurde, ist auch ein Opfer dieser Verfolgung bekannt. Im 4. Jahrhundert gab es bereits eine erste kirchliche Organisation mit Zentren in Lauriacum (Lorch in Oberösterreich) und Virunum (am Zollfeld in Kärnten) sowie mehreren Bischofssitzen. Der Zusammenbruch der römischen Herrschaft und der Abzug der römischen Bevölkerung 488 – bei dem der heilige Severin eine wesentliche Rolle spielte – führten zu einer Unterbrechung dieser Entwicklung durch die Völkerwanderung.

Erst zu Beginn des 7. Jahrhunderts setzten, von Bayern ausgehend, Bestrebungen zur Christianisierung ein, bei denen verschiedene Missionare wie Columban und sein Schüler Gallus (der Gründer des Klosters St. Gallen in der Schweiz nahe der österreichischen Grenze) in Vorarlberg sowie Eustasius und Amandus, tätig in der Mission in Bayern, erfolgreich waren. Um 690 gründete der heilige Rupert die Erzabtei Sankt Peter in Salzburg, das älteste Benediktinerkloster Österreichs. Salzburg wurde zum wichtigsten Missionszentrum für den Alpenraum. 798 wurde Salzburg zum Erzbistum erhoben, mit Suffraganbischöfen in Regensburg, Passau, Freising und Säben/Sabina.

Außer den Bistümern Salzburg und Passau waren die von den bayrischen Agilolfingern, vor allem Herzog Tassilo III. (um 741–796), gegründeten Klöster wie Mondsee 748, Innichen/San Candido 769,

Kremsmünster 777 und Mattsee 784 Ausgangspunkte der Missionstätigkeit, die im Mittelalter zu einer flächendeckenden Christianisierung auf dem Gebiet Österreichs führte. Dabei wurden allerdings Elemente vorchristlicher Religionen aufgenommen und in das christliche Weltverständnis assimiliert. Manche Heiligengestalten wiesen den »Heiden« bekannte Züge auf, wie z. B. der heilige Donatus, der Blitze als Symbol hat und an den germanischen Gott Donar erinnerte. Auch bei Bräuchen und Opfergaben können solche Kontinuitäten aufgezeigt werden. So wurden beispielsweise an Orten, an denen der slawische Lichtgott Svantovit verehrt wurde, Veit-Heiligtümer errichtet, bei denen bis ins 20. Jahrhundert hinein wie in vorchristlicher Zeit schwarze Hähne geopfert wurden.

82. War Österreich in seiner Geschichte jemals protestantisch?

Im 16. Jahrhundert verbreitete sich der Protestantismus im Osten Österreichs sehr schnell, vor allem die Adeligen und ihre Untertanen gingen zur neuen Konfession über. Bis zum Beginn des Dreißigjährigen Krieges war ein überwiegender Teil der Bevölkerung lutherisch.

Nach dem Reichstag von Worms 1521 drang das lutherische Gedankengut auch ins habsburgische Herrschaftsgebiet ein. Träger dieser frühen Rezeption der Lehren Martin Luthers (1483–1546) waren der Adel, aber auch die Bürger der Städte sowie die Gelehrten der Universität in Wien. Eine besondere Rolle in diesem Prozess spielte Oberösterreich, das zu einem Zentrum des Protestantismus wurde. Christoph Jörger (1455–1518), Sohn des Landeshauptmanns Wolfgang IV., stand in engem Kontakt mit Luther und seine gesamte Familie – besonders Dorothea Jörger, mit der Luther einen Briefwechsel pflegte – unterhielt enge Beziehungen zur Reformation. Viele andere Adelsfamilien in Ober- und Niederösterreich, aber auch in der Steiermark und in Kärnten nahmen die neuen religiösen Gedanken ebenfalls auf und setzten in den Kirchen, in denen sie das Patronatsrecht hatten, evangelische Prediger ein.

Obwohl wir keine Statistiken aus dieser Zeit haben, kann aufgrund anderer Fakten, wie der sinkenden Zahl an Menschen, die das katholische Altarsakrament empfingen, ein starkes Anwachsen der Lutheraner abgelesen werden.

Die Gegenmaßnahmen – Verbot lutherischer Bücher, sogar die Hinrichtung von Protestanten und die Berufung der Jesuiten – hatten keinen Erfolg und nach der ersten Welle der Protestantisierung in den 1520er-Jahren stieg die Zahl der Lutheraner in den 1560er-Jahren noch einmal stark an. Allerdings gilt das nicht für alle Gebiete Österreichs in gleicher Weise. Während der Osten des Landes (Nieder- und Oberösterreich, Steiermark und Kärnten) eine satte protestantische Mehrheit hatte, war in Tirol und Vorarlberg nach wie vor der Katholizismus tonangebend.

Unter Kaiser Maximilian II. (1527–1576), der mit dem Protestantismus sympathisierte, aber katholisch blieb, erhielten die adeligen Landstände in Nieder- und Oberösterreich Privilegien (*Religionskonzession* 1568 und *Religionsassecuration* 1571), die ihnen die freie Religionsausübung gestatteten. Eine ähnliche Politik musste auch Karl von Innerösterreich (1540–1590) verfolgen (*Religionspazifikation* 1572, *Brucker Libell* 1578), obwohl er durch seine bayrische Frau und die radikal gegenreformatorischen wittelsbachischen Verwandten in München unter Druck war. Im dritten Teil der österreichischen Länder (vgl. Frage 22), in Tirol und den Vorlanden, stellte sich das Problem nicht, dennoch wurden gegenreformatorische Maßnahmen zur Stärkung des Katholizismus ergriffen.

Die anderen von den Habsburgern beherrschten Gebiete waren ebenfalls stark von der Reformation beeinflusst. Böhmen war überwiegend protestantisch mit starken Anteilen der Utraquisten (Reste der Hussiten) und in Ungarn herrschte überhaupt ein Multikonfessionalismus. Neben Katholiken, Lutheranern und Calvinern gab es auch Orthodoxe, Unitarier und natürlich eine jüdische Bevölkerung sowie im osmanischen Teil des alten Königreiches Ungarn auch Muslime.

Die konfessionelle Situation in Österreich erlebte erst 1620 mit der einsetzenden Rekatholisierung den entscheidenden Wendepunkt.

83. Was versteht man unter Gegenreformation?

Der Versuch der Habsburger, ihre Länder wieder katholisch zu machen, setzte zwar früh ein, war aber erst nach 1620 in allen Ländern außer in Ungarn erfolgreich.

Fast zeitgleich mit dem Vordringen der Reformation in Österreich kam es von Seiten der Habsburger schon zu den ersten gegenreformatorischen Maßnahmen wie dem Verbot lutherischer Bücher, aber auch der Verfolgung von Anhängern der Reformation, allerdings waren diese Schritte nicht sehr wirkungsvoll. Eine langfristig sehr effiziente Entscheidung traf Ferdinand I. (1503–1564), indem er 1551 die Jesuiten nach Wien berief, weitere Niederlassungen in Innsbruck und Graz folgten.

Die ersten Maßnahmen wurden nach dem Konzil von Trient (1545–1563) und dem Tod Kaiser Maximilians II. (1527–1576) ergriffen und setzten vor allem bei den Städten an, deren Reformationsrecht unsicher war. Motor der Gegenreformation in den donauösterreichischen Gebieten war Melchior Khlesl (1552–1630), ein zum Katholizismus konvertierter Bäckersohn, der es bis zum Kardinal brachte. Das Verbot des lutherischen Gottesdienstes in Wien führte zum sogenannten »Auslaufen«, d. h. die Wiener Bevölkerung ging in die adeligen Herrschaften (vor allem der Jörger in Hernals) vor der Stadt zum Gottesdienst, Verbote halfen wenig. Erzherzog Matthias (1557–1619), der stark unter dem Einfluss von Khlesl stand, musste in seiner Auseinandersetzung mit seinem Bruder Rudolf II. (1552–1612), dem sogenannten Bruderzwist, den protestantischen Ständen, die er für diesen Machtkampf auf seine Seite ziehen musste, entgegenkommen. Die Zeit vor dem Dreißigjährigen Krieg brachte in den Donauländern und in Böhmen dadurch eine letzte Blüte des Protestantismus.

Ganz anders verlief die Entwicklung in Innerösterreich. Der Sohn Karls II. (1540–1590) von Innerösterreich, Ferdinand, als Kaiser später Ferdinand II. (1578–1637), wurde von Jesuiten erzogen und war fest entschlossen, »die Pest der Ketzerei« notfalls auch mit Gewalt zu beseitigen. Allerdings konnte er in der Steiermark und in Kärnten den starken Adel nicht zur Konversion zwingen.

Als er in Böhmen zum König gemacht wurde, gewann der Konflikt an Radikalität. Mit dem Prager Fenstersturz am 23. Mai 1618 begann der Dreißigjährige Krieg, der 1620 in der Schlacht am Weißen Berg/Bílá Hora nahe von Prag zu einer Niederlage der böhmischen protestantischen Stände führte, die langfristige Auswirkungen auf Mitteleuropa hatte. Ein Strafgericht ging über Böhmen hinweg, 1621 wurden 27 Schlüsselfiguren der antihabsburgischen Partei am Altstädter Ring in Prag hingerichtet, viele Menschen mussten das Land verlassen, viele Adelige verloren ihre Güter.

Doch die Maßnahmen der Rekatholisierung trafen nicht nur die böhmischen Länder, sondern diese »böhmischen Stiefel« wurden auch den von Ferdinand beherrschten Ländern angezogen. In den österreichischen Erbländern – besonders in Innerösterreich – wurde der Adel ebenfalls vor die Wahl gestellt, entweder zu konvertieren oder das Land zu verlassen. Um 1600 wird der Anteil der Protestanten in den Erbländern und Böhmen auf ca. 75–90 Prozent geschätzt, nach 1627 gab es offiziell nur noch Katholiken.

Die Ideen des Protestantismus überlebten allerdings in Form des Geheimprotestantismus. Erst mit dem Toleranzpatent Josefs II. 1781 wurde das evangelische Leben wieder geduldet, eine Gleichstellung mit den Katholiken damit allerdings noch nicht erreicht.

84. Worin lag das Besondere am Barockkatholizismus in Österreich?

Vorbild für die sehr reiche Volksfrömmigkeit im 17. und 18. Jahrhundert waren vor allem die habsburgische Frömmigkeit und die Aktivitäten der geistlichen Orden. Eucharistie-, Marien- und Heiligenverehrung betonten vor allem den Gegensatz zum reformatorischen Gedankengut.

Die Gegenreformation hatte den Katholizismus zunächst gewaltsam als Staatsreligion wiederhergestellt, doch bedurfte es noch großer Anstrengungen und einer intensiven inneren Mission, um die katholische Lebensform wirklich durchsetzen zu können. Maßgeblich beteiligt daran war die Dynastie, die mit der *pietas*

Austriaca eine spezifisch habsburgische Frömmigkeit entwickelte. Einige Bereiche, die sich sowohl von den feindlichen Osmanen und damit vom Islam als auch von den Protestanten unterschieden, wurden besonders betont. Die Verehrung der Dreifaltigkeit und des Kreuzes war anti-islamisch besetzt, die Marienfrömmigkeit, die Heiligenverehrung und die Eucharistiefrömmigkeit grenzte die katholische Religion von den reformatorischen Strömungen ab. Die Auffassung darüber, was mit Brot und Wein während der Messfeier geschah, unterschied die Konfessionen; für die Katholiken war die Lehre von der Transsubstantiation maßgeblich, das heißt die reale Verwandlung der Hostie in den Leib Christi und des Messweines in das Blut Christi. Fronleichnam als Fest der Verehrung der Eucharistie war und blieb eine Demonstration katholischer Religion und Macht. Häufig kam es dabei zu Zwischenfällen mit Protestanten, die die Prozession störten. Die Verehrung der Hostie ging bei den Habsburgern so weit, dass die barocken Kaiser aus der Kutsche stiegen und niederknieten, wenn sie einem Pfarrer mit der Hostie begegneten, der zu einem Versehgang unterwegs war.

Die Verehrung Marias manifestierte sich nicht nur in der Allgegenwart ihres Bildes in der Landschaft und an Gebäuden, sondern auch in der Tatsache, dass die Habsburger ihre Länder Maria weihten, Wallfahrten zu Marien-Gnadenorten (z. B. Mariazell oder Altötting) unternahmen und die marianische Frömmigkeit im Leben eine zentrale Rolle spielte.

Daneben förderten die Habsburger und die katholischen Orden eine exzessive Heiligenverehrung; vor allem der hl. Joseph, der hl. Leopold, der zum Landespatron gemacht wurde, und der Heilige des Beichtgeheimnisses, der hl. Johannes Nepomuk, standen im Mittelpunkt.

Alle diese Formen der Verehrung wurden von der Bevölkerung aufgenommen und waren ein Charakteristikum der barocken österreichischen Volksfrömmigkeit.

85. Welche Rolle spielten die Juden in der Gesellschaft?

Die Ablehnung und Verfolgung der Juden war ein Phänomen seit der Spätantike. Zunächst waren religiöse und wirtschaftliche Argumente vorrangig, im 19. Jahrhundert kam der Rassenantisemitismus hinzu, der in der Shoah mündete.

Vermutlich gab es auf dem Gebiet des heutigen Österreich schon in der Römerzeit jüdische Händler. Die mittelalterlichen Judengemeinden in den österreichischen Ländern standen unter dem Schutze des Herzogs, der das sogenannte »Judenregal« ausübte. Dennoch wurden die Juden verfolgt und verspottet, man warf ihnen Blut- und Hostienfrevel vor, unterstellte ihnen beim Ausbruch der Pest die Vergiftung der Brunnen und erhob den abstrusen Vorwurf des Ritualmordes, dabei wurde behauptet, die Juden würden Christenkinder entführen und schlachten. Vermeintliche Opfer solcher vermeintlicher Ritualmorde wie Simon von Trient (1475) oder Anderl von Rinn (1462) bei Innsbruck wurden bis in die jüngste Zeit als Heilige verehrt.

Die wichtigste Aufgabe der Juden in Wien war die finanzielle Unterstützung des Hofes. Dennoch wurden sie 1420/21 in der sogenannten »Wiener Geserah« vertrieben oder umgebracht, gegen Ende des Mittelalters (1495) aus Kärnten und der Steiermark und 1670 erneut aus Wien vertrieben.

Die Ablehnung der Juden hatte neben religiösen Gründen – der Vorwurf, sie hätten den Messias in Christus nicht erkannt und daher nicht den »wahren« Glauben, sowie die Beschuldigung, sie seien »Mörder Christi« – auch wirtschaftliche Motive, da die Juden weder Grundbesitz haben durften, noch den christlichen Handwerkszünften angehören konnten und sich daher auf Handel und Geldgeschäfte spezialisieren mussten.

In der gesamten Frühen Neuzeit war die Lage der Juden sehr ungünstig, noch Maria Theresia (1717–1780) erließ 1753 und 1764 restriktive Judensatzungen und war eine große Feindin der Juden. Erst mit dem Toleranzpatent Josefs II. 1782 am Beginn der Moderne änderte sich die rechtliche Situation der Juden der Monarchie und der Weg zur Emanzipation öffnete sich.

Das Aufkommen und die Durchsetzung rassischer Interpretationsmuster der Welt verschob die Beurteilung der Juden in eine neue Richtung. Der rassische Antisemitismus, bei dem die Abstammung und nicht mehr die Religion den »Juden« definierte, gewann an Bedeutung und vermischte sich mit dem religiösen Antijudaismus. Deutschnationale und Christlichsoziale waren strikt antisemitisch orientiert.

Mit dem Anschluss des Jahres 1938 trat dann eine neue, lebensbedrohende Phase für die Juden in Österreich ein. Die nationalsozialistische Rassenpolitik wurde auch in Österreich voll wirksam und führte schließlich zur Vertreibung oder Ermordung der Mehrheit der österreichischen Juden. Nach 1945 hatte nur ein kleiner Teil der österreichischen Juden das Inferno überlebt und nur wenige kehrten aus der Emigration zurück. Zwar war der Antisemitismus in der Form wie vor dem Zweiten Weltkrieg nicht mehr formulierbar, leider blieben jedoch viele der alten Vorurteile auch später und zum Teil bis heute erhalten. Dabei geht es nicht um eine Frage der konfessionellen Situation, sondern dies muss mit dem Rassenantisemitismus des 19. Jahrhunderts in Verbindung gebracht werden.

86. Seit wann gibt es eine starke islamische Konfessionsgruppe in Österreich?

Erst mit der Annexion Bosnien-Herzegowinas 1908 gab es eine größere Zahl von Muslimen in der Habsburgermonarchie. In der Republik Österreich waren sie nur eine winzige Minderheit, erst in den 1960er-Jahren, mit der Zuwanderung aus Jugoslawien (und seinen Nachfolgestaaten) sowie der Türkei wuchs ihre Zahl stark an.

Für die Habsburgermonarchie war das Osmanische Reich seit dem 16. Jahrhundert nicht nur ein machtpolitisches, sondern auch ein religiöses Feindbild. Die Osmanen wurden als *Ungläubige, Erbfeinde der Christenheit* und *Geißel Gottes für die Sünden der Christenheit* dargestellt.

Einwohner der Monarchie und insbesondere der österreichischen Erbländer, die Muslime waren, gab es zunächst überhaupt nicht, und nach 1699 in Ungarn nur in sehr geringer Zahl. Schon um 1730 gab es in Wien eine kleine Kolonie von türkischen Kaufleuten, die für den Handel mit dem Südosten Europas und der Levante von Bedeutung waren. Aber erst mit der Okkupation Bosniens und der Herzegowina 1878 und der Annexion 1908 kam eine relativ große Gruppe von Muslimen unter die Herrschaft der Habsburger, etwa ein Drittel der Bevölkerung dieser Provinz bekannte sich zum Islam. Ab 1888 fanden sich unter den in Wien stationierten Soldaten der Monarchie auch Muslime, vorwiegend Bosniaken, die in den Kasernen eigene Beträume hatten. Ab 1891 gab es auch einen Militär-Imam. 1912 wurde ein Islamgesetz für die Anhänger der hanefitischen Rechtsschule des Islam erlassen, das diesen Gläubigen Religionsfreiheit zugestand.

Nach dem Zerfall der Donaumonarchie war die Zahl von Menschen muslimischer Konfession in der neu entstandenen Republik Österreich nur sehr gering, erst mit der Zuwanderung von Gastarbeitern (und später Flüchtlingen) aus dem ehemaligen Jugoslawien und der Türkei ab den 1960er-Jahren verstärkte sich die Präsenz des Islam beträchtlich.

Die zunächst wenigen Muslime organisierten sich nach 1918 auf Vereinsbasis, die treibende Kraft dabei war Omar Rolf von Ehrenfels (1901–1980). Nach dem Zweiten Weltkrieg machte sich eine andere führende Persönlichkeit um die Organisation der Muslime verdient: der Bosnier Smail Balić (1920–2002), der in Österreich studierte und schließlich in der Österreichischen Nationalbibliothek arbeitete. Nach 1955 entstand als Verein der Islamische Sozialdienst, der lange Zeit die rechtliche Grundlage für die Muslime Österreichs bildete. Aufgrund der geänderten Gesetzeslage konstituierte sich schließlich 1979 die Islamische Glaubensgemeinschaft in Österreich als Körperschaft öffentlichen Rechts und wurde 1988 staatlich als Glaubensgemeinschaft registriert. Die Zahl der Muslime in Österreich liegt unterschiedlichen Schätzungen zufolge bei rund 500.000 Menschen, das sind über sechs Prozent der Bevölkerung.

KULTUR

87. Welche Universitäten spielten eine wichtige Rolle in Österreich?

Lange Zeit war die einzige Universität Österreichs in Wien (gegründet 1365), erst in der Frühen Neuzeit und dann seit dem 19. Jahrhundert hat sich die Zahl der Universitäten erhöht und ihre Aufgaben wurden deutlich spezifiziert.

Die älteste Universität Österreichs und eine der ältesten Mitteleuropas ist die Universität Wien, die 1365 vom habsburgischen Herrscher Rudolf IV. (1339–1365) gegründet wurde. Die mittelalterliche Universität war im Stubenviertel beheimatet, von 1623 bis 1773 wurde sie von den Jesuiten beherrscht. Zunächst stiegen die Studentenzahlen und um 1450 war Wien mit über 6000 Studierenden die größte Universität des Heiligen Römischen Reiches, im 16. Jahrhundert kam es jedoch zu einem Rückgang. Durch die tief greifenden Reformen unter Maria Theresia (1717–1780) ab 1749, besonders aber nach der Aufhebung des Jesuitenordens 1773 erlebte die Wiener Universität eine Qualitätsverbesserung, vor allem des Medizinstudiums (Erste Wiener Medizinische Schule). Auch die Zweite Wiener Medizinische Schule im späten 19. Jahrhundert mit ihren bahnbrechenden Leistungen und großen Persönlichkeiten wie dem Chirurgen Theodor Billroth (1829–1894), den Anatomen Joseph Hyrtl (1810–1894) und Carl Rokitansky (1804–1878), dem Pathologen Emil Zuckerkandl (1849–1910) oder dem Psychiater und Nobel-Preisträger Julius Wagner-Jauregg (1857–1940) errang internationale Bedeutung. Weitgehend außerhalb der Universität entstand die Psychoanalyse Sigmund Freuds (1856–1939) als eine der bahnbrechendsten Leistungen des Jahrhunderts. Eine Reihe von Nobelpreisträgern wie Julius Wagner-Jauregg 1927, Karl Landsteiner (1868–1943), der Entdecker der Blutgruppen, 1930 und der Physiker Erwin Schrödinger (1887-1961) 1933 kamen aus dem Umkreis der Wiener Universität.

Heute ist die Universität Wien (ohne der 2004 verselbstständigten Medizinischen Universität) mit rund 91.000 Studierenden und fast 9000 Mitarbeitern eine der größten Universitäten des deutschen Sprachraums. Mit dem Universitätsorganisationsgesetz (UOG 1975) wurde der Versuch einer Demokratisierung der Universitäten unternommen, der allerdings durch das Universitätsgesetz 2002 wieder weitgehend rückgängig gemacht wurde. Der sogenannte Bologna-Prozess hat die Studien stark verändert und europaweit vereinheitlicht.

Wien als Universitätsstandort hat auch eine Wirtschaftsuniversität, eine Technische Universität, die aus dem 1815 gegründeten k. k. polytechnischen Institut hervorging, eine Universität für Bodenkultur (1872) und eine für Veterinärmedizin sowie verschiedene Kunstuniversitäten.

Weitere Universitätsstandorte sind die Landeshauptstädte Graz mit der Karl-Franzens-Universität, die auf eine jesuitische Gründung von 1585 zurückgeht, einer Medizinischen Universität und einer Technischen Universität, Salzburg mit der auf eine Gründung von Paris Graf von Lodron (1586–1653) 1622 zurückgehenden Benediktineruniversität (1810 aufgelöst, 1962 Wiedererrichtung) und dem Mozarteum, Linz mit der Johannes-Kepler-Universität, deren Tradition auf die protestantische Landschaftsschule von 1566 zurückgeht, und Innsbruck mit der Leopold-Franzens-Universität, deren Gründung durch Kaiser Leopold I. (1640–1705) 1669 erfolgte, sowie Klagenfurt, dessen Universität erst in den 1970er-Jahren entstand.

Eine fachlich orientierte Universität ist die Montanuniversität in Leoben, deren Wurzeln zur k. k. Bergakademie in Schemnitz/Banská Štiavnica in der heutigen Slowakei zurückreichen und die auf die 1848 vom Staat übernommene Vordernberger Lehranstalt zurückgeht. In den letzten Jahrzehnten wurden auch eine Reihe von Fachhochschulen und Privatuniversitäten gegründet.

88. Welche sind die Meisterwerke der mittelalterlichen Kunst in Österreich?

Hauptauftraggeber für die Errichtung von Bauwerken und deren Ausschmückung im Mittelalter war die Kirche. Viele Kirchen und Klöster wurden im Stil der Romanik und Gotik erbaut. Auch die Herrscher und der Adel bauten Burgen und die Bürger der Städte Repräsentationsbauten wie Rathäuser.

Die Klöster und Kirchen, die zunächst im Stil der Romanik und ab dem 13. Jahrhundert dann im gotischen Stil gebaut wurden, waren mit Plastiken, Altären, Glasfenstern und Malerei ausgestattet. Liturgische Geräte und Gewänder (Tassilokelch, Gösser Ornat) gehören zu den Spitzenerzeugnissen des Kunsthandwerks. In der Tradition der jeweiligen Institution (die oft bis heute ohne Unterbrechung existieren) wurden diese Dinge aufbewahrt und weitergegeben.

Spitzenbauwerke der Romanik finden sich in Ossiach, Gurk, Millstatt, Geras, Göß, Lambach, am Nonnberg in Salzburg, in Heiligenkreuz, Zwettl, Lilienfeld, Wiener Neustadt (Dom), Wien (Riesenportal des Stephansdomes) und Schöngrabern. Einige Orte wie Lambach, Friesach, Pürgg, Nonnberg, Maria Wörth, Maria Pfarr, Gurk und Matrei haben bedeutende romanische Fresken und viele Kirchen, vor allem in Niederösterreich, schöne romanische Karner (Bad Deutsch-Altenburg, Tulln, Mödling und Pulkau). Der bedeutendste Altar aus dieser Epoche ist der Verduner Altar in Klosterneuburg.

Gotische Meisterwerke findet man in vielen Orten, besonders eindrucksvoll sind die Dominikanerinnenkirche in Imbach, die Minoritenkirche in Bruck an der Mur, die Dominikanerkirchen in Friesach und Krems, der Wiener Stephansdom oder die Franziskanerkirche in Salzburg. Bedeutende gotische Flügelaltäre finden sich in Mauer bei Melk, in St. Wolfgang (Pacher-Altar) und in Kefermarkt im Mühlviertel.

Nicht nur der Kern der Wiener Hofburg stammt aus dem Mittelalter (am besten sichtbar in der Hofburgkapelle), sondern auch die Grazer Residenz der Habsburger mit der berühmten Doppelwendeltreppe. In diesem Zusammenhang von Bedeutung sind auch der Wappenturm und die Georgskapelle in Wiener Neustadt.

Schöne Beispiele für mittelalterliche Burgen sind Kollmitz bei Raabs an der Thaya in Niederösterreich, Burg Hohenwerfen und die Feste Hohensalzburg in Salzburg, die Burgen von Gmünd, Landskron und Hochosterwitz in Kärnten sowie Kufstein in Tirol und Burg Bruck bei Lienz in Osttirol. Viele Burgen des Mittelalters wurden im Laufe der Zeit ausgebaut und verändert, gute Beispiele sind die eindrucksvolle Burg Forchtenstein im Burgenland, die im 17. Jahrhundert von der Familie Esterházy vergrößert wurde, oder die Burg Kreuzenstein bei Wien, die im 19. Jahrhundert im historistischen Stil ausgebaut und eingerichtet wurde.

Von den vielen schönen Bürgerhäusern in den Zentren der österreichischen Städte (z. B. Krems, Stein, Freistadt, Judenburg, Radstadt oder Schärding) sind das Pummerlhaus in Steyr (Oberösterreich) und das Kornmesserhaus in Bruck an der Mur (Steiermark) besonders hervorhebenswert.

89. Welche sind die Meisterwerke der Renaissance in Österreich?

Die Renaissancekunst der Kirche existiert in Österreich fast nicht, hingegen sind von der Dynastie, dem Adel und insbesondere den Landständen großartige Baudenkmäler im Renaissancestil erhalten.

Im Gegensatz zum Mittelalter und zur Barockzeit spielte die Kirche zur Zeit der Renaissancekunst eine untergeordnete Rolle als Auftraggeber. Beachtlich hingegen sind die Leistungen der Adelskultur der Zeit, da der Adel ja auch politische Macht ausübte und in den Bauwerken der Stände sowie in den Palästen und Grablegen der einzelnen Familien seine Macht demonstrierte. Ähnlich wie bei den habsburgischen Herrschern zählten auch beim Adel Mäzenatentum und Sammelwesen zu den kulturellen Charakteristika der Lebenskultur.

Besonders repräsentativ und prachtvoll fielen die Bauten der Landhäuser in den österreichischen Erbländern aus, allen voran das beeindruckende Landhaus in Graz mit dem Landeszeughaus, das die reichste ständische Waffensammlung der Welt beherbergt. Auch die Landhäuser der Kärntner Stände in Klagenfurt, der oberösterreichischen Stände in Linz und der niederösterreichischen Stände in Wien wurden im repräsentativen Renaissancestil erbaut.

Im Vergleich dazu war die Bautätigkeit des Hofes in dieser Zeit gering. Allerdings wurde die Hofburg durch die Stallburg und den Amalientrakt erweitert und Kaiser Maximilian II. (1527–1576) ließ im Stile einer italienischen *villa suburbana* Schloss Neugebäude in Simmering errichten, das allerdings kaum mehr etwas von seiner einstigen Pracht erahnen lässt.

Adelige Schlösser im Stil der Renaissance gibt es einige, wie die Schallaburg, die Schlösser Weitra und Greillenstein oder die Rosenburg in Niederösterreich, das Schloss der Familie Starhemberg in Eferding, die Greinburg an der Donau, die Schlösser Parz und Tollet bei Grießkirchen in Oberösterreich, Schloss Porcia in Spittal/Drau, die Schlösser Goldegg und Fuschl in Salzburg, Schloss Stubenberg in der Steiermark und die Schlösser Ambras und Tratzberg in Tirol. Ein herausragendes Beispiel für die Gestaltung eines Schlosses und Gartens in der Tradition des italienischen Manierismus ist Schloss Hellbrunn des Salzburger Erzbischofs Markus Sittikus von Hohenems (1574–1619).

In vielen Kirchen finden sich Renaissance-Mausoleen oder prächtige -Grabsteine von Adeligen, die sehr oft figurale Darstellungen von höchster Qualität zeigen. Wappengrabsteine, ganzfigurige Darstellungen von Adeligen im Harnisch und von Frauen im Festgewand sowie protestantische Grabsteine mit dem Motiv von »Gesetz und Gnade« sind besonders häufig. Herausragend sind die Grabdenkmäler der Familie Habsburg, wie das (leere) Grab Maximilians I. (1459–1519) in der Hofkirche in Innsbruck oder die Grabmäler Erzherzog Karls in Seckau und Erzherzog Ferdinands von Tirol in der Silbernen Kapelle in der Innsbrucker Hofkirche. Die drei Kaiser der Renaissanceperiode, Ferdinand I. (1503–1564), Maximilian II. (1527–1576) und Rudolf II. (1552–1612) sind allerdings in Prag beigesetzt. Das einzigartige Mausoleum Kaiser Ferdinands II. (1578–1637) in Graz stellt bereits den Übergang zum Barock dar.

Auch ein großer Teil der Malerei und Plastik des Kaiserhofes wurde im Prag Rudolfs II. gefertigt und gesammelt, ist heute aber zum Teil im Kunsthistorischen Museum in Wien zu sehen.

90. Welche sind die bedeutendsten barocken Kunstwerke in Österreich?

Da die Barockkunst auf der einen Seite die Kunst der siegreichen Gegenreformation der katholischen Kirche darstellt und andererseits die Repräsentationskunst der großen Dynastien und ihrer höfischen Gesellschaft, ist Österreich besonders reich an Meisterwerken dieser Epoche.

Verschiedene geistliche Orden, allen voran die Jesuiten, siedelten sich nach 1620 in Österreich an und errichteten Kirchen und Klöster, aber auch die alten Klöster des Mittelalters wurden neu und besonders großartig ausgebaut. Klöster wie Melk, Klosterneuburg, Altenburg, St. Florian, Vorau oder Stams seien als einige Beispiele unter vielen Neu- und Umbauten genannt. Die erste Generation der Baumeister und auch der für die Ausgestaltung notwendigen Freskomaler, Stukkateure, Bildhauer und Plastiker kam aus Italien, in der zweiten Generation folgten die großen österreichischen Barockbaumeister, von denen das Dreigestirn Johann Bernhard Fischer von Erlach (1656–1723), Lucas von Hildebrandt (1668–1745) und Jakob Prandtauer (1660–1726) besonders hervorzuheben ist, die sowohl Kirchen als auch barocke Adelspaläste bauten.

Auch zahleiche kleinere Kirchen des Mittelalters wurden barockisiert, wobei vieles vom wertvollen Inventar des späten Mittelalters, wie etwa die gotischen Flügelaltäre, zerstört wurde.

Neben der Herrscherdynastie, die beispielsweise die alte und die neue Favorita oder das Schloss Schönbrunn ausbaute, oder etwa den Salzburger Erzbischöfen mit den Schlössern Mirabell oder Klesheim zählen die großen Adelsfamilien zu den Auftraggebern. In Wien sind beispielsweise die Familien Liechtenstein, Trautson, Auersperg oder Schönborn durch großartige Paläste vertreten, und insbesondere Prinz Eugen von Savoyen (1663–1736) mit dem Stadtpalais und dem Oberen und Unteren Belvedere. Vor allem nach 1683 waren zwei Gründe für die Förderung des Palastbaus maßgebend: Einerseits galt Wien nach der gescheiterten Belagerung durch die Osmanen auch außerhalb der Stadtmauer als sichere Stadt, andererseits waren durch die Zerstörung der Vorstädte genügend Baugründe vorhanden. Wien war in dieser Zeit eine Stadt mit unendlich vielen barocken Schlössern und Gärten, von denen heute nur noch wenige erhalten sind.

Aber auch auf den Besitzungen der großen Adelsfamilien auf dem Land entstanden repräsentative Schlösser wie beispielsweise die Esterházy-Schlösser in Eisenstadt und Halbturn im Burgenland, die Riegersburg und die Ochsenburg in Niederösterreich, Schwertberg in Oberösterreich, Eggenberg bei Graz und viele andere.

Die Maler und Plastiker dieser Zeit waren zum Teil mit der Ausstattung der Bauwerke beschäftigt, zum Teil malten sie aber auch eigenständige Galeriebilder. Die wichtigsten Meister waren Johann Michael Rottmayr (1654–1730), Daniel Gran (1694–1757), Paul Troger (1698–1762), Franz Anton Maulbertsch (1724–1796) und Martin Johann Schmidt (Kremser Schmidt; 1718–1801).

91. Welche Bedeutung hatte der Habsburgerhof für die Kultur?

Die Kunstförderung der Habsburger – im 16. Jahrhundert vor allem der bildenden Kunst, im 17. und 18. Jahrhundert vor allem der Musik – war international führend und gab der Kultur Österreichs wesentliche Impulse.

Kulturell führend war in der Frühen Neuzeit die Dynastie der Habsburger, von deren Mäzenatentum wichtige Impulse für die Kultur ausgingen. Die besonderen Vorlieben der Monarchen beeinflussten die Kultur ihrer Zeit nachhaltig. Im 16. Jahrhundert konzentrierten sich diese Vorlieben vor allem auf die bildende Kunst. Besonders Maximilian II. (1527–1576) und sein Sohn Rudolf II. (1552–1612) scharten bedeutende Künstler aus ganz Europa um sich, die für ihren Hof und ihre Sammlungen Kunstwerke schufen, die heute noch einen großen Schatz der österreichischen Museen ausmachen.

Einer der bedeutendsten Kunstsammler Europas war Kaiser Rudolf II., der an seinem Musenhof in Prag bedeutende Maler wie Hans von Aachen, Joseph Heintz, Dirk de Quade van Ravesteyn, Roelant Savery, Giuseppe Arcimboldo und Bartholomäus Spranger sowie Plastiker wie Antonio Abondio und Adriaen de Vries förderte. Seine Leidenschaft für Steine und die Steinschneidkunst bereicherte seine Sammlung, die der Nachwelt trotz der Plünderung durch die Schweden 1648 immer noch großartige Kunstwerke überlieferte.

Der zweite bedeutende Sammler der Dynastie war Erzherzog Ferdinand von Tirol (1529–1595), der in Schloss Ambras bei Innsbruck seine weltweit führende Sammlung von Harnischen und Porträts (beides heute zum Großteil im Kunsthistorischen Museum in Wien) anlegte.

Erzherzog Leopold Wilhelm (1614–1662), der dritte große habsburgische Sammler der Frühen Neuzeit, war Bischof von Passau, Straßburg, Halberstadt und Olmütz/Olomouc, Hochmeister des Deutschen Ordens und Oberbefehlshaber im Dreißigjährigen Krieg. Vor allem als Statthalter in den Niederlanden konnte er seiner Neigung zum Sammeln huldigen. Seine Gemälde- und Gobelinsammlung, die vor allem Werke italienischer Meister, Rubens' und viele flandrische Goblins enthielt, kam 1656 nach Wien und bildet ebenfalls einen Grundstock des Kunsthistorischen Museums.

Gewisse Bereiche der Naturwissenschaften interessierten die Habsburger ebenfalls. So wurde am Hofe Rudolfs II. die Astronomie gefördert und wurden alchemistische Experimente durchgeführt, wohingegen sein Vater eine Vorliebe für die Botanik und die Gartenkunst gehabt hatte. Er beschäftigte an seinem Hof Carolus Clusius (Charles de l'Ecluse) und Augier Ghislain de Busbecq, der als Gesandter im Osmanischen Reich eine Reihe von damals exotischen Pflanzen (Tulpen, Rosskastanien, Levkojen etc.) von dort mitbrachte.

Die habsburgischen Kaiser der Barockzeit – Ferdinand III. (1608–1657), Leopold I. (1640–1705), Joseph I. (1678–1711) und Karl VI. (1685–1740) – förderten nicht nur besonders die Musik, sie komponierten auch selbst. So ist es nicht verwunderlich, dass diese Epoche eine Blütezeit der Musik, insbesondere der italienischen Oper, in Wien darstellte. Die meist italienischen Hofmusiker (Marc'Antonio Cesti, Antonio Caldara, Johann Joseph Fux u.a.) schrieben Musik für Feste wie Hochzeiten und Namenstage der Kaiser, aber auch für die vielen Messen und geistlichen Festlichkeiten.

92. Wieso gewann die Wiener Klassik Weltruhm in der Musik?

Die Wiener Klassik stellt einen der Höhepunkte in der abendländischen Musik dar. Joseph Haydn, Wolfgang Amadé Mozart und Ludwig van Beethoven waren das bedeutende Dreigestirn der Musik des 18. und beginnenden 19. Jahrhunderts.

Vorläufer der Klassik waren die Komponisten der Mannheimer Schule, großen Einfluss übte aber auch der in Italien geschulte Christoph Willibald Gluck (1714–1787) aus, der von 1754 bis 1764 als Hofkapellmeister in Wien arbeitete. Joseph Haydn (1732–1809) wirkte lange Jahre als Kapellmeister am Hof der Fürsten Esterházy in Eisenstadt und auf Schloss Esterházy. Als der neue Fürst die Hofkapelle auflöste, ging Haydn zunächst nach Wien und dann nach London, wo er groß gefeiert wurde und auch Ehrendoktor in Oxford wurde. In seinem Wirken vollendete sich der neue Instrumentalstil vor allem in den vielen Symphonien. Daneben schuf er Divertimenti, Quartette, Opern und die Oratorien *Die Schöpfung* und *Die Jahreszeiten*. Seine bekannteste Melodie aber wurde die Kaiserhymne von 1797 (vgl. Frage 7).

Eine Generation jünger war Wolfgang Amadé Mozart (1756–1791), der zunächst eng mit dem Hof des Erzbischofs von Salzburg verbunden war und als Wunderkind Reisen durch ganz Europa unternahm. In den 1780er-Jahren verlagerte er seine Tätigkeit an den Hof der Habsburger nach Wien, ohne dort allerdings fest angestellt gewesen zu sein. Mozart komponierte in Zusammenarbeit mit dem Librettisten Lorenzo da Ponte (1749–1838) neben Instrumentalmusik auch einige Opern (teils in italienischer, teils in deutscher Sprache). Er wurde zum großen Österreicher stilisiert – siehe sein Bildnis auf der Ein-Euro-Münze –, war aber »ein teutscher Europäer, kein Österreicher«.

Ludwig van Beethoven (1770–1827) stammte aus Bonn und kam nach Wien, um bei Haydn und Mozart zu studieren; auch er wurde und wird als österreichischer Komponist gesehen. Am Beginn seiner Wiener Jahre war er gut in die Wiener adelige Gesellschaft integriert, sogar ein Mitglied der Dynastie, der komponierende und musikalisch hochbegabte Erzherzog Rudolf, Bischof von Olmütz/ Olomouc (1788–1831), war sein Schüler. Allerdings machte ihn sein Gehörleiden, das schließlich zur völligen Taubheit führte, in den letzten Lebensjahrzehnten zu einem einsamen Sonderling. Er komponierte neun Symphonien, die Oper Fidelio, Messen und Konzerte sowie zahlreiche Werke der Kammermusik. Im Gegensatz zu Haydn und Mozart war Beethoven ein weitgehend freischaffender Komponist, was mit dem Wandel der Kultur zusammenhängt.

Das Besondere an der Wiener Klassik war die Zusammenführung unterschiedlicher Stile und Ansätze der Musikentwicklung, eine Kompositionstechnik, die ein Musikstück aus wenigen Themen und Motiven erarbeitet, wobei die Ablösung der einzelnen Instrumente in der Melodieführung und eine festgelegte Begleitung bestimmend sind. Die entstandene Musik der Wiener Klassiker hat bis heute nichts von ihrer Faszination eingebüßt.

93. Was charakterisierte die Kultur des Biedermeier?

Die Kultur des Biedermeier war sehr stark von der Unterdrückung der Bürger und ihrer Freiheiten beeinflusst. Unpolitische Themen beherrschten die Kunst, kleine Formen z.B. in der Musik und eine ausgeprägt häusliche Kultur dominierten.

Die Kultur des Biedermeier war durch das politische System Metternich zutiefst beeinflusst. Geprägt durch die Furcht vor den Errungenschaften der Französischen Revolution, die Ideen des Liberalismus und Nationalismus, war man skeptisch gegen jede Öffentlichkeit, die als Bedrohung der Ordnung empfunden wurde. Das Bürgertum, das ein politisches Mitbestimmungsrecht vermisste, zog sich in die Privatheit des Hauses zurück, malte, schrieb – natürlich unpolitische – Gedichte und machte Hausmusik.

Der bedeutendste Architekt des Vormärz im Stil des romantischen Historizismus war Josef Kornhäusel (1782–1860), der vor allem für ein bürgerliches Publikum Theater und Wohnhäuser baute.

Auch in den anderen Künsten setzte sich ein – allerdings meist klassizistisch geprägter – Historismus durch, wie etwa bei Friedrich

Heinrich Füger (1751–18181) und Johann Baptist Lampi (1751–1830), die vorwiegend Porträts und Themen der Geschichte künstlerisch gestalteten. Eine Gegenströmung dazu waren die Nazarener Josef Führich (1800–1876) und Leopold Kupelwieser (1796–1862), die vor allem religiöse Themen aufgriffen. Die Maler des Vormärz bevorzugten das kleine, intime Bild. Blumenstillleben und Genredarstellung, Landschaftsmalerei in düsteren Stimmungen dominierten. Die bedeutendsten Landschaftsmaler der Zeit waren Friedrich Gauermann (1807–1862) und Ferdinand Waldmüller (1793–1865), die auch in die Landschaften rund um Wien und ins Salzkammergut hinausgingen und sehr realistische Landschaftsbilder schufen. Beliebt im Wiener Vormärz war auch Josef Kriehuber (1800–1876), dessen Porträts in der Technik der Lithografie einen Querschnitt durch die bürgerliche Gesellschaft geben.

Musikalisch herrschten einerseits die Kammermusik, die zum privaten Rahmen der Hausmusik passte, und das Lied vor – beide Gattungen bediente der bedeutendste Komponist der Zeit, Franz Schubert (1797–1828) –, andererseits die Unterhaltungsmusik, die mit den Walzern, Polkas und Märschen von Joseph Lanner (1801–1843) sowie Johann Strauß Vater (1804–1849) und Johann Strauß Sohn (1825–1899) ein Charakteristikum der österreichischen Musik wurden. Einer der Gründe für diese Blüte der Walzermusik war politischer Natur, denn Bälle waren eine der wenigen Gelegenheiten, bei denen mehrere Menschen zusammenkommen konnten, ohne dass Metternich und sein Spitzelsystem eine »politische Konspiration« befürchteten.

Auch die Literatur, die durch die Zensur streng überwacht wurde, blühte in dieser Zeit auf. Grillparzer (1791–1872), Nestroy (1801–1862) und Raimund (1790–1836) (vgl. Frage 98) waren die beherrschenden Gestalten der Literatur des Vormärz.

94. Was ist der Ringstraßenstil?

Der Ringstraßenstil oder Historismus, von vielen – auch schon zeitgenössischen – Gegnern als Stillosigkeit verspottet, nimmt Elemente des Stils früherer Epochen auf, die entsprechend der Funktion des Gebäudes eingesetzt werden. Dieser Stil charakterisiert die Architektur der letzten Jahrzehnte des 19. Jahrhunderts.

Beim Bau der Ringstraße (vgl. Frage 41) entwickelte sich ein spezifischer Stil, der weit ausstrahlte und zumindest in den meisten Städten der Habsburgermonarchie seine Spuren hinterließ. Dieser sogenannte Ringstraßenstil wird auch als Historismus oder Eklektizismus bezeichnet, weil er mit verschiedenen Stilelementen aus unterschiedlichen Epochen arbeitet. Gerade bei den Bauten der Ringstraße standen die jeweiligen Stilelemente in Bezug zur Funktion des Gebäudes. So wurde das Parlament im Stil eines antiken griechischen Tempels erbaut, weil der Ursprung der Demokratie im alten Griechenland gesehen wurde, oder das Rathaus im gotischen Stil eines flandrischen Rathauses, weil dort der Höhepunkt der Stadtentwicklung festgemacht wurde, usw.

Die meisten Gebäude entlang der Ringstraße entstanden in den 1870er- und 1880er-Jahren. Diese Monumentalbauten stammen von August Sicard von Sicardsburg (1813–1868) und Eduard van der Nüll (1812–1868) (Staatsoper), Gottfried Semper (1803–1879) und Carl Hasenauer (1833–1894) (Naturhistorisches und Kunsthistorisches Museum, Burgtheater und die Neue Burg), Ludwig Christian Friedrich Förster (1797–1863) (Ringtheater, das 1881 bei einem Brand vernichtet wurde), Heinrich Ferstel (1828–1883) (Votivkirche, Neue Universität, Museum und Akademie für angewandte Kunst) und Theophil Hansen (1813–1891) (Börse, Parlament, Akademie der bildenden Künste, ehemaliger Heinrichhof). Zwischen diesen Monumentalbauten lagen bedeutende Gartenanlagen wie der Volksgarten, der Rathauspark und der Stadtpark.

Der Stil dieser Bauten – von manchen auch als Stillosigkeit bezeichnet – wurde auch außerhalb der Prunkstraße in Wien und vielen anderen Städten verwendet. Bei kleineren Bauten wie Villen wurden ebenfalls Versatzstücke aus anderen Epochen verwendet, die oft willkürlich miteinander kombiniert wurden. Der Altbaubestand in Städten wie Wien, aber auch anderen größeren Städten Österreichs bietet dafür bestes Anschauungsmaterial.

Der führende Maler der Zeit, geradezu ein Modemaler, dessen Name stellvertretend für die Epoche steht, war Hans Makart (1840–1884), der auch den Festzug zur Silberhochzeit des Kaiserpaares am 27. April 1879 gestaltete.

95. Welche sind die größten Leistungen der bildenden Kunst im *Fin de Siècle*?

Die Kunst der Wende vom 19. zum 20. Jahrhundert ist in der Habsburgermonarchie durch den Jugendstil und die Wiener Werkstätte charakterisiert. Die Stilisierung des (bürgerlichen) Hauses in allen Bereichen war ein erklärtes Ziel dieser Bewegung. Die bekanntesten Künstler dieser Zeit waren Otto Wagner, Gustav Klimt und Egon Schiele.

Der Historismus rief bei vielen Künstlern um die Jahrhundertwende heftige Reaktionen hervor. Eine dieser Gegenpositionen war der Jugendstil, der von der Radikalität eines Adolf Loos (1870–1933; »Ornament und Verbrechen«) aber noch übertroffen wurde.

Die Wiener Künstler schlossen sich unter der Führung des Schriftstellers Hermann Bahr (1863–1934), des Malers Gustav Klimt (1862–1918) und des Architekten Otto Wagner (1841–1918) zur *Wiener Secession* zusammen, die mit der Zeitschrift *Ver Sacrum* auch eine große Breitenwirksamkeit entfalteten. Otto Wagner hat mit seinen Bauten – etwa den Stadtbahnstationen oder der Postsparkasse – neue Maßstäbe in der Architektur gesetzt.

Die Idee, dass alle Künste zusammenwirken sollten, damit ein Gesamtkunstwerk entsteht, war charakteristisch für diese Bewegung. Dies wird vor allem in der Wiener Werkstätte (gegründet 1903) deutlich, die alle Lebensbereiche gestaltete: Architektur, Möbel- und Stoffdesign, Bugholzmöbel, Tapeten, Lampen, Geschirr und Kleidung sollten zusammenstimmen. Wichtige Vertreter der Wiener Werkstätte waren unter anderem Otto Wagner, Koloman Moser (1868–1918) und Josef Hoffmann (1870–1956).

Als die wichtigsten Gestalten der neuen Kunst in der Malerei gelten heute Gustav Klimt und Egon Schiele, wobei Schiele von den Zeitgenossen wenig geschätzt wurde. Gustav Klimt (1862–1918) war der Hauptvertreter der *Seccession*, er schuf viele dekorative Gemälde für Gebäude in Wien (Hermesvilla, Burgtheater, Kunsthistorisches Museum) und anderen Städten der Monarchie. Berühmt sind allerdings auch seine Porträts, speziell seine Frauenporträts.

Egon Schiele (1890–1918) war mit Klimt befreundet und nahm auch expressive Elemente in sein Schaffen auf, das vor allem Selbstbildnisse, Aktbilder und Landschaften umfasst. Viele seiner Gemälde und Zeichnungen haben mit der Faszination des Todes und der Erotik zu tun, wobei ihn seine Arbeit mit minderjährigen Modellen mit dem Gesetz in Konflikt brachte.

96. Welche musikalischen Entwicklungen charakterisieren das späte 19. und das 20. Jahrhundert?

Die Trennung von E-Musik und U-Musik, die sich seit Beginn des 19. Jahrhunderts vollzogen hatte, setzte sich auch in der späten Monarchie und nach 1918 fort. Eine sehr differenzierte Musikszene mit jeweils eigenen Publikumsanteilen entwickelte sich.

In der späten Monarchie standen Komponisten wie Johannes Brahms (1833–1897), Anton Bruckner (1824–1896) oder Gustav Mahler (1860–1911) in der Tradition von Klassik und Romantik. Sie komponierten Symphonien, Kammermusik und vor allem Bruckner auch geistliche Musik.

Eine ganz andere, sehr umstrittene Richtung der Musik entwickelte sich in Österreich um die Wende vom 19. zum 20. Jahrhundert: die Zwölftonmusik, deren Vertreter als sogenannte »Neutöner« bezeichnet wurden. Arnold Schönberg (1874–1951) entwickelte mit der Zwölftonmusik eine ganz neue Form der Kompositionstechnik, bei der eine Reihe von 12 Tönen durch die Hauptmodulationen »Krebs«, »Spiegel« und »Spiegelkrebs« verändert wird. Das große Dreigestirn Arnold Schönberg, Alban Berg (1885–1935) und Anton von Webern (1883–1945) beherrschte die musikalische Szene der ersten Hälfte des 20. Jahrhunderts aber keineswegs so, wie das aus der musikhistorischen Retrospektive aussehen mag. Arnold Schönberg, der Wichtigste der Gruppe, war musikalisch durch seinen Schwager Alexander Zemlinsky (1871–1942) beeinflusst. Abgesehen von den ästhetischen Auseinandersetzungen waren diese Künstler in der Ersten Republik auch antisemitischen Angriffen ausgesetzt. 1933 emigrierte Schönberg von Berlin aus in die Vereinigten Staaten.

Moderne Komponisten wie Ernst Krenek (1900–1991) standen im Kreuzfeuer der Nationalsozialisten, ihre Musik wurde als »Negermusik« bezeichnet und heftig abgelehnt. Bei der Premiere von Kreneks Oper *Jonny spielt auf* in Wien kam es zu heftigen nationalsozialistischen Protesten und Tumulten.

Heute hat neue E-Musik, die nur zum Teil auf der Dodekaphonie basiert und sich auch der modernen Technik der elektronischen Musik bedient, keine große öffentliche Präsenz und nur ein kleines, aber durchaus kundiges Publikum. Zeitgenössische Vertreter dieser Musik sind Friedrich Cerha, Kurt Schwertsik und Otto M. Zykan sowie der 1956 aus Ungarn nach Österreich gekommene György Ligeti, der international sicherlich der bekannteste Gegenwartskomponist unseres Raumes ist.

Eine für Österreich als sehr typisch geltende Form der Musik war die Operette, die sich von der Goldenen Operettenära unter Johann Strauß (1825–1899), über die Silberne Operettenära mit Franz Lehár (1870–1948), Oscar Straus (1870–1954), Ralf Benatzky (1884–1957), Edmund Eysler (1874–1949) und Emmerich Kálmán (1882–1953) bis zur sogenannten »blechernen Zeit« mit dem Komponisten Robert Stolz (1880–1975) hinzog. Viele dieser Operetten greifen auf nostalgische Elemente der Monarchie zurück und haben ein spezifisches Publikum; auch international wird Österreich damit identifiziert.

Bei der Jugend kam es, vor allem nach 1945, zu einer starken Hinwendung zur internationalen, insbesondere angelsächsischen Pop-Musik, die seit den späten 1960er-Jahren im Sender Ö3 und seit den späten 1990er-Jahren in den Privatsendern allgegenwärtig ist. Daneben haben auch die sogenannte »volkstümliche Musik« (Marke »Musikantenstadl«) und die Blasmusik ein großes Publikum gewonnen und einen hohen Stellenwert in der öffentlichen Musikpflege.

97. Welche Künstler der modernen Kunst hatten oder haben überregionale Bedeutung?

Die bildende Kunst des 20. Jahrhunderts ist vielfältig und differenziert, nur wenige Kunstströmungen bzw. Künstler in Österreich haben internationale Bedeutung.

Nach dem Ende der Habsburgermonarchie setzten sich Traditionen der österreichischen Kunst der Wende vom 19. zum 20. Jahrhundert fort, doch auch neue Strömungen aus den europäischen Zentren des kulturellen Geschehens machten sich bemerkbar.

Maler wie Oskar Kokoschka (1886–1980) oder Albin Egger-Lienz (1868–1926) malten nach 1918 weiter und auch die alten Institutionen bestanden weiter. Künstlerisch übernahm der 1900 gegründete »Hagenbund« die Führung; dort wurden Strömungen wie der Kubismus und die Neue Sachlichkeit rezipiert.

Ein wesentlicher Auftraggeber für die progressiven Strömungen der Kunst war das »Rote Wien« (vgl. Frage 50), für das der »Werkbund« (gegründet 1912), aber auch Schüler von Otto Wagner (1841–1918) tätig waren. Andere, eher konservative Architekten der Zwischenkriegszeit integrierten bodenständig-alpine Formen in die moderne Kunst, wie z. B. Clemens Holzmeister (1886–1983), der in der Türkei beim Ausbau Ankaras große Bedeutung hatte.

Ebenfalls im Dunstkreis der Sozialdemokratie stand der führende Bildhauer der Ersten Republik Anton Hanak (1875–1934), der auch an der Ausstattung von Gemeindebauten mitwirkte. In der Bildhauerei der Folgezeit sind die Arbeiten von Fritz Wotruba (1907–1975) und Alfred Hrdlicka (1928–2009) international beachtenswert und stellen bleibende Werke der Zeit dar.

Durch die Nachwirkungen der Verfolgung der »entarteten Kunst« wurde der Publikumsgeschmack in Österreich nachhaltig beeinflusst. Eine breite Ablehnung der modernen Kunst sowie eine Herabwürdigung ihrer Leistungen sind weit verbreitet. In der Malerei war sicherlich die Entwicklung des Phantastischen Realismus von internationaler Bedeutung, bei dessen Entstehungsgeschichte Albert Paris Gütersloh (1887–1973) eine zentrale Rolle spielte. Diese Kunstströmung knüpfte an den Surrealismus an, ihr gehörten bzw. gehören Ernst Fuchs (geb. 1930), Rudolf Hausner (1914–1995), Wolfgang Hutter (geb. 1928), Anton Lehmden (geb. 1929) und Arik Brauer (geb. 1929) an. Auch der Expressionismus von Künstlern wie Oskar Kokoschka (1886–1980), Hans Fronius (1903–1988) und Herbert Boeckl (1884–1966) war international geschätzt. Friedensreich (Friedrich) Hundertwasser (1928–2000) entwickelte einen spezifischen dekorativ-abstrakten Stil und erinnert in seinen Bauten stark an Antoni Gaudí. Sein vielleicht gelungenstes Architekturprojekt ist die Therme in Bad Blumau.

98. Wer sind die großen Gestalten der österreichischen Literatur?

Während die österreichische Literatur bis ins 19. Jahrhundert wenige große Gestalten aufwies, hat sich seit dem 19. Jahrhundert eine reiche und zunehmend differenzierte Literaturszene gebildet.

Bis zum Ende der Monarchie und darüber hinaus ist der Begriff »österreichische Literatur« schwierig zu definieren, denn vieles an deutschsprachiger Literatur entstand fernab des heutigen österreichischen Staatsgebietes, so etwa die Werke von Franz Kafka (1823–1924) in Prag oder von Elias Canetti (1905–1994) in Rumänien. Weitere Schwierigkeiten stellt die Exilliteratur dar, die zwar von »Österreichern« geschrieben wurde, aber weit außerhalb des heutigen Staatsgebietes beispielsweise in Amerika.

Zwar können einige Höhepunkte der Literatur in früher Zeit angeführt werden, wie der Minnesang, vor allem des Walther von der Vogelweide (um 1170 – um 1230), dessen Herkunftsort allerdings nicht klar ist, oder das Nibelungenlied. Im 18. Jahrhundert bildete das Stegreif- und Hanswurstspiel in Wien (Josef Anton Stranitzky, Gottfried Prehauser etc.) die Grundlage für einen wesentlichen Zweig der Literatur im 19. Jahrhundert.

Während vor 1800 kaum ein bedeutender und allgemein bekannter österreichischer Schriftsteller zu nennen ist, beginnt im 19. Jahrhundert mit den Dramen von Franz Grillparzer (1791–1872), den volkstümlichen Stücken von Johann Nestroy (1801–1862) und den Märchen- und Zauberstücken von Ferdinand Raimund (1790–1836) der Höhenflug der österreichischen Literatur.

Einige Schriftsteller des 19. Jahrhunderts wandten sich der bäuerlichen Welt zu wie Marie von Ebner-Eschenbach (1830–1916), Ludwig Anzengruber (1839–1889) oder Peter Rosegger (1843–1918). Die Literatur des *Fin de Siècle* hingegen hatte eher das urbane

Milieu zum Thema. Die Lyriker Georg Trakl (1887–1914), Stefan George (1868–1933) und Rainer Maria Rilke (1875–1926), der Dramatiker Arthur Schnitzler (1862–1931) und Karl Kraus (1874–1936), die großen Romanciers Stefan Zweig (1881–1942), Franz Werfel (1890–1945), Robert Musil (1880–1942) und Joseph Roth (1894–1939) sowie die Feuilletonisten der »Kaffeehausliteratur« wie Peter Altenberg (1859–1919) oder Egon Friedell (1878–1938) zählen zu den großen Schriftstellern dieser Zeit. Viele von ihnen waren auch in der jungen Republik tätig. Erst das Jahr 1938, in dem viele Künstler, die oft jüdischer Herkunft waren, das Land verlassen mussten, war ein tiefer Einschnitt in der österreichischen Kultur.

Nach 1945 wurde die Literatur noch vielfältiger. Von den vielen Schriftstellerinnen und Schriftstellern seien exemplarisch Heimito von Doderer (1896–1966), Ingeborg Bachmann (1926–1973), Thomas Bernhard (1931–1989) und Peter Handke (geb. 1942) hervorgehoben. Mit Elfriede Jelinek (geb. 1946) hat Österreich auch eine Literatur-Nobelpreisträgerin (2004) zu bieten. Als exemplarisches Beispiel für die Postmoderne in der Literatur sei Christoph Ransmayr (geb. 1954) genannt.

99. Was ist »Austropop«?

Ab den 1960er-Jahren entfaltete sich eine spezifisch österreichische Popmusik mit Texten im Dialekt, die auch eine starke Wirkung für die österreichische Identität hatte.

Der Austropop ist ein Phänomen der 1960er-Jahre und der Zeit danach. Vorläufer könnten in den Dialekt-Couplets in den Stücken von Johann Nestroy (1801–1862) und Ferdinand Raimund (1790–1836), im Wienerlied sowie in der Musik des Kabaretts der Zwischen- und Nachkriegszeit gesehen werden (z. B. Helmut Qualtingers *G'schupfter Ferdl, Der Wilde auf seiner Maschin'* etc.). Manchmal wird auch der deutsche Schlager (Udo Jürgens, Peter Alexander) als Vorbote genannt.

Ende der 1960er- und Anfang der 1970er-Jahre kamen dann bei einigen Musikern Lieder im Wiener Dialekt in Mode. Einer der ersten großen Erfolge war **Marianne Mendts (geb. 1945)** *Wia a Glock'n* (1970, nach einem Text des großen Kabarettisten Gerhard Bronner); dem folgten Lieder wie *Da Hofa* (1971) von **Wolfgang Ambros (geb. 1952)** oder *Jö schau* (1975) von **Georg Danzer (1946–2007)**. Diese erfolgreichen Songs machten Lieder im Dialekt in der österreichischen Popmusik populär. Höhepunkt des Austropop waren die Jahre zwischen 1973 und 1976, in denen Wolfgang Ambros und Georg Danzer ihre großen Erfolge feierten.

In den 1980er-Jahren, in denen die »Neue Deutsche Welle« rollte, waren humorvolle und auch politisch kritische Texte etwa von der *Ersten Allgemeinen Verunsicherung* oder die Lieder von **Rainhard Fendrich (geb. 1955)**, den *Schmetterlingen*, **Ostbahn-Kurti (Willi Resetarits, geb. 1948)** und **Falco (1957–1998)** besonders erfolgreich und beliebt. Ob die neue Volksmusik (**Hubert von Goisern** oder die *Ausseer Hardbradler*) in den 1990er-Jahren noch zum Austropop gerechnet werden kann, sei dahingestellt.

Mit dem Lied *I am from Austria* schuf Rainhard Fendrich so etwas wie eine »inoffizielle Hymne« des Landes, die neben dem alten Donauwalzer identitätsstiftend für das Österreich der Zweiten Republik wurde.

Weiterführende Literatur

Bamberger, Richard und Maria/Bruckmüller, Ernst/Gutkas, Karl (Hg.): Österreich-Lexikon in zwei Bänden (Wien 1995)
Beller, Steven: Geschichte Österreichs (Wien u. a. 2007)
Bilgeri, Benedikt: Geschichte Vorarlbergs, 5 Bde. (Wien 1971–1987)
Bruckmüller, Ernst: Sozialgeschichte Österreichs (2. Auflage, Wien – München 2001)
Burmeister, Karl Heinz: Geschichte Vorarlbergs. Ein Überblick (4. Auflage, Wien – München 1998)
Csendes, Peter: Geschichte Wiens (2. Auflage, Wien – München 1990)
Dehio-Handbücher (Wien)
    Burgenland von Adelheid Schmeller-Kitt, 2. Auflage, 1980
    Graz von Horst Schweigert, 2. Auflage, 2006
    Kärnten von Ernst Bacher, 3. Auflage, 2001
    Linz von Beate Auer, 2009
    Niederösterreich nördlich der Donau von Evelyn Benesch, 2. Auflage, 2010
    Niederösterreich von Richard Kurt Donin, 5. Auflage, 1976
    Oberösterreich von Erwin Hainisch, 6. Auflage, 1977
    Salzburg von Bernd Euler, 1986
    Steiermark von Kurt Woisetschläger, 2. Auflage, 2006
    Tirol von Gert Ammann, 1980
    Vorarlberg von Gert Ammann, 1983
    Wien von Justus Schmidt und Hans Tietze, 6. Auflage, 1973
Dopsch, Heinz/Spatzenegger, Hans (Hg.): Geschichte Salzburgs, 2 Bde. in 6 Teilen (Salzburg 1981–1991)
Ernst, August: Geschichte des Burgenlandes (2. Auflage, Wien – München 1991)
Fillitz, Hermann: Geschichte der bildenden Kunst in Österreich, 6. Bde. (Wien 1998–2003)
Flotzinger, Rudolf/Gruber, Gernot: Musikgeschichte Österreichs, 2 Bde. (Graz 1977–1979)
Fontana, Josef u.a. (Hg.): Geschichte des Landes Tirol, 4 Bde. (Bozen – Innsbruck 1985–1988)
Gutkas, Karl: Geschichte Niederösterreichs (Wien – München 1984)
Haider, Siegfried: Geschichte Oberösterreichs (Wien – München 1987)
Hamann, Brigitte: Die Habsburger. Ein biographisches Lexikon (Wien – München 1988)
Handbuch der historischen Stätten Österreich
    Lechner, Karl (Hg.): Donauländer und Burgenland (Stuttgart 1970, Nachdruck 1985);
    Huter, Franz (Hg.): Alpenländer mit Südtirol (2. Auflage, Stuttgart 1978)
Kleindel, Walter: Österreich. Daten zur Geschichte und Kultur (Wien – Heidelberg 1978)
Kugler, Georg/Wolfram, Herwig: 99 Fragen an die Geschichte Österreichs (Wien 2009)
Lehner, Oskar: Österreichische Verfassungs- und Verwaltungsgeschichte. Mit Grundzügen der Wirtschafts- und Sozialgeschichte (Linz 1992)

Niederstätter, Alois: Geschichte Österreichs (Stuttgart 2007)
Opll, Ferdinand/Csendes, Peter (Hg.): Geschichte Wiens, 3 Bde., 1. Band (Hg. Opll, Ferdinand und Peter Csendes): Von den Anfängen bis zur Ersten Wiener Türkenbelagerung (1529) (Wien – Köln – Weimar 2001), 2. Band (Hg. Vocelka, Karl/Traninger, Anita): Die frühneuzeitliche Residenz (16. bis 18. Jahrhundert) (Wien – Köln –Weimar 2004), 3. Band (Hg. Opll, Ferdinand/Csendes, Peter): Von 1790 bis zur Gegenwart (Wien – Köln – Weimar 2006)
Österreichisches Biographisches Lexikon 1815 bis 1950, 10 Bde. (Wien – Graz – Köln 1957ff.)
Riedmann, Josef: Geschichte Tirols (3. Auflage, Wien – München 2001)
Scheithauer, Erich/Schmeiszer, Herbert/Woratschek, Grete (Hg.): Geschichte Österreichs in Stichworten, 4 Bde. (Wien 1971–1976)
Scheutz, Martin/Strohmeyer, Arno (Hg.) Von Lier nach Brüssel: Schlüsseljahre österreichischer Geschichte (1496–1995) (Innsbruck – Wien u. a. 2010)
Tautschner, Anton: Wirtschaftsgeschichte Österreichs auf der Grundlage abendländischer Kulturgeschichte (Berlin 1974)
Tremel, Ferdinand: Wirtschafts- und Sozialgeschichte Österreichs (Wien 1969)
Vacha, Brigitte (Hg.): Die Habsburger. Eine europäische Familiengeschichte (2. Auflage, Graz – Wien – Köln 1993) Text von Walter Pohl und Karl Vocelka
Vocelka, Karl: Multikonfessionelles Österreich. Religionen in Geschichte und Gegenwart (Wien – Graz – Klagenfurt 2013)
Vocelka, Karl: Die Familien Habsburg und Habsburg-Lothringen. Politik – Kultur – Mentalität (Wien – Köln – Weimar 2010)
Vocelka, Karl: Österreichische Geschichte (3. Auflage, München 2010)
Vocelka, Karl: Geschichte Österreichs. Kultur – Gesellschaft – Politik (5. Auflage, München 2009)
Vocelka, Karl/Leeb, Rudolf/Scheichl, Andrea (Hg.): Renaissance und Reformation. OÖ. Landesausstellung 2010 (Linz 2010)
Vocelka, Karl/Heller, Lynne: Die private Welt der Habsburger. Leben und Alltag einer Familie (Graz – Wien – Köln 1998)
Vocelka, Karl/Heller, Lynne: Die Lebenswelt der Habsburger. Kultur- und Mentalitätsgeschichte einer Familie (Graz – Wien – Köln 1997)
Walter, Friedrich: Österreichische Verfassungs- und Verwaltungsgeschichte von 1500 bis 1955 (Wien – Köln– Graz 1972)
Wandruszka, Adam/Urbanitsch, Peter bzw. Rumpler, Helmut/Urbanitsch, Peter (Hg.): Die Habsburgermonarchie, bisher 9 Bände (Wien 1973–2010)
Weinzierl, Erika/Skalnik, Kurt: Österreich 1918–1938. Geschichte der Ersten Republik, 2 Bde. (Graz – Wien – Köln 1983)
Weinzierl, Erika/Skalnik, Kurt: Österreich. Die Zweite Republik, 2 Bde. (Graz– Wien – Köln 1972)
Wolfram, Herwig (Hg.): Österreichische Geschichte, 10. Bde. (Wien)
    Bd. 1 – Wolfram, Herwig: Grenzen und Räume. Geschichte Österreichs vor seiner Entstehung 378–907 (1995)
    Bd. 2 – Brunner, Karl: Herzogtümer und Marken. Vom Ungarnsturm bis ins 12. Jahrhundert 907–1156 (1994)
    Bd. 3 – Dopsch, Heinz: Die Länder und das Reich. Der Ostalpenraum im Hochmittelalter 1122–1278 (1999)

Bd. 4 – Niederstätter, Alois: Die Herrschaft Österreich. Fürst und Land im Spätmittelalter 1278–1411 (2001)
Bd. 5 – Niederstätter, Alois: Das Jahrhundert der Mitte. An der Wende vom Mittelalter zur Neuzeit 1400–1522 (1996)
Bd. 6 – Winkelbauer, Thomas: Ständefreiheit und Fürstenmacht. Länder und Untertanen des Hauses Habsburg im konfessionellen Zeitalter 1522–1699, 2 Bde. (2003)
Bd. 7 – Vocelka, Karl: Glanz und Untergang der höfischen Welt. Repräsentation, Reform und Reaktion im habsburgischen Vielvölkerstaat 1699–1815 (2001)
Bd. 8 – Rumpler, Helmut: Eine Chance für Mitteleuropa. Bürgerliche Emanzipation und Staatsverfall in der Habsburgermonarchie 1804–1918 (1997)
Bd. 9 – Hanisch, Ernst: Der lange Schatten des Staates. Österreichs Gesellschaftsgeschichte im 20. Jahrhundert 1890–1990 (1994)
Bd. 10 – Sandgruber, Roman: Ökonomie und Politik. Österreichische Wirtschaftsgeschichte vom Mittelalter bis zur Gegenwart (1995)
Dazu Ergänzungsbände
  Urban, Otto u.a.: Der lange Weg zur Geschichte. Die Urgeschichte Österreichs (2003)
  Leeb, Rudolf u.a.: Geschichte des Christentums in Österreich. Von der Spätantike bis zur Gegenwart (2003)
  Brugger, Eveline u.a.: Geschichte der Juden in Österreich (2006)
Zaisberger, Friederike: Geschichte Salzburgs (Wien – München 1998)
Zöllner, Erich: Geschichte Österreichs. Von den Anfängen bis zur Gegenwart (8. Auflage, Wien 1990)